辻・本郷審理室 ダイレクトアシスト 平成31年度 税制改正要点解説

ゼミナール vol.2

辻・本郷 税理士法人 審理室／編著

TOHOSHOBO

はじめに

　平成24年度の自民、公明、民主の3党合意による社会保障と税の一体改革素案に基づき、平成26年4月から消費税率を8%に、平成27年10月から10%にすることが決められていました。

　その後ご存知のとおり、消費税率8%への引き上げは実施されたものの、消費税率10%への引き上げが2度延期され、いよいよ令和元(2019)年10月から実施されることとなりました。

　政府は過去の税率引き上げのときの駆け込み需要とその後の反動需要減少に苦慮したことから、平成31年度税制改正においては、増税後の需要減少の幅をできるだけ抑えるために、ポイント還元やプレミアム付き商品券の販売、防災対策のためのインフラ整備費等の財政政策と、住宅ローン減税の期間の延長などの減税策を打ち出しました。

　また飲食料品については従来と同じ8%の税率に据え置く軽減税率制度を導入致しました。

　消費税10%への引き上げに伴う増収部分は幼児教育・保育無償化やすまい給付金の拡充、未婚ひとり親に対する臨時給付金の財源のほか、年金・医療・介護等の社会保障予算に充てられることが決まっています。

　以上を踏まえ、本文においては、財政と税制との関係や過去の税制改正の流れ、また改正部分の説明だけではなくもともとの内容の説明も加え、日常業務にも使える「税制改正解説本」を目指しました。

　お手元において随時、手に取っていただければ幸甚に存じます。

　　　　　辻・本郷 税理士法人　ダイレクトアシスト・税理士
　　　　　　　　　　　　　　　　　　　　八重樫 巧

辻・本郷審理室 ダイレクトアシスト　平成31年度税制改正要点解説　ゼミナールvol.2

目次

- はじめに ……………………………………………………… 〈2〉
- 財務省「平成29年度税制改正の大綱」……………………… 〈4〉
- 財務省「平成30年度税制改正の大綱」……………………… 〈5〉
- 財務省「平成31年度税制改正の大綱」……………………… 〈6〉

第1章　日本の財政と税制改革……………………………… 〈7〉
第2章　平成31年度税制改正の基本的な考え方……… 〈19〉
第3章　具体的な税制改正項目…………………………… 〈31〉

―― 資料編 ――

≪平成31年度税制改正のポイント≫

1. 法人課税 ………………………………………………………… 3
2. 国際課税 ………………………………………………………… 23
3. 医療 ……………………………………………………………… 33
4. 消費課税 ………………………………………………………… 41
5. 個人所得課税 …………………………………………………… 51
6. 資産課税 ………………………………………………………… 71
7. 相続法（民法）改正 …………………………………………… 101
8. その他の税制 …………………………………………………… 123

財務省「平成29年度税制改正の大綱」

　我が国経済の成長力の底上げのため、就業調整を意識しなくて済む仕組みを構築する観点から配偶者控除・配偶者特別控除の見直しを行うとともに、経済の好循環を促す観点から研究開発税制及び所得拡大促進税制の見直しや中小企業向け設備投資促進税制の拡充等を行う。あわせて、酒類間の税負担の公平性を回復する等の観点から酒税改革を行うとともに、我が国企業の海外における事業展開を阻害することなく、国際的な租税回避により効果的に対応するため外国子会社合算税制を見直す。このほか、災害への税制上の対応に係る各種の規定の整備等を行う。

財務省「平成30年度税制改正の大綱」

　働き方の多様化を踏まえ、様々な形で働く人をあまねく応援する等の観点から個人所得課税の見直しを行うとともに、デフレ脱却と経済再生に向け、賃上げ・生産性向上のための税制上の措置及び地域の中小企業の設備投資を促進するための税制上の措置を講じ、さらに、中小企業の代替わりを促進する事業承継税制の拡充、観光促進のための税として国際観光旅客税(仮称)の創設等を行う。また、地域社会を支える地方税財政基盤の構築の観点から、地方消費税の清算基準の抜本的な見直し等を行う。このほか、国際課税制度の見直し、税務手続の電子化の推進やたばこ税の見直し等を行う。

財務省「平成31年度税制改正の大綱」

　消費税率の引上げに際し、需要変動の平準化等の観点から、住宅に対する税制上の支援策を講ずるとともに、車体課税について、地方の安定的な財源を確保しつつ大幅な見直しを行う。さらに、デフレ脱却と経済再生を確実なものとするため、研究開発税制の見直し等を行う。また、都市・地方の持続可能な発展のための地方税体系の構築の観点から、特別法人事業税（仮称）及び特別法人事業譲与税（仮称）の創設等を行う。このほか、森林環境税（仮称）及び森林環境譲与税（仮称）の創設、国際的な租税回避により効果的に対応するための国際課税制度の見直し、経済取引の多様化等を踏まえた納税環境の整備等を行う。

第1章

日本の財政と税制改革

第1節　消費税の創設から現在までの流れ

第2節　経済社会の変遷とあるべき税制改正

第3節　財政赤字の解消と所得税

税制改正は毎年行われております。

現実的な改正は単年度で行われるわけですが、ある年度の改正が前年度の改正と関わりなく行われるものではなく、また次年度を考えずに行われるものでもありません。

どうしても単年度で考えてしまいがちですがそうではありません。

また、当然のことですが、税制は財政政策と密接不可分です。

税制改正は税制単独でとらえるのではなく、財政政策との関係で考えなければなりません。

さらに政府の税制調査会は、財政政策を遂行する財源として、どの税を財源とするか、あるべき税制という長期的な観点から政府に提言を行います。

したがって毎年の税制改正は常に財政との関係、及び前年度の改正、次年度の財政需要等との関係を考えながら見ていく必要があります。

特に平成31年度の税制改正は前年度、次年度との関連性を考えないとなかなか理解が及びません。

改正の目玉がないとか大したものがないという理解で終わってしまいます。

今回の税制改正はそういう意味で、財政との関係及び税制改正そのものの大きな流れを考えることに適した税制改正だと思います。

今回の税制改正はご存知のとおり、消費税増税を見越し増税後の消費の落ち込みを防ぐための対策としての役割が大きいです。

消費税はなぜ増税されるのか。

ここ何年間かの税制改正は消費税との関係で考えるとその改正の意味が理解できます。

【税制改正と財政】

少子高齢化が日本の社会にとって最も重要な問題です。

高齢者の増加に伴う年金、医療、介護などの社会保障制度を維持するという観点から考えた場合、少子高齢化は給付を受ける者の数が増大する一方、負担する者の数を減少させます。

公的年金制度、医療、介護の社会保障制度をいかにして維持していくか。

平成24年度の社会保障・税一体改革素案は団塊の世代が75歳以上になる2025年に備え、消費税を社会保障目的税とする改革であるということができます。

2040年には高齢者人口がピークに達する一方、現役世代の減少が一層加速していきます。

　また、社会保障給付費というものは好不況に関わらず、毎年着実に増加する性格を持っています。

　したがってその財源もまた好不況に関わりなく毎年安定的に多額に調達できるものである必要があります。

　好況不況によって税収が増減する法人税や所得税、資産税は安定財源とはいえません。

　政府及び与党の税制調査会は、消費税を安定財源の調達先とし、社会保障費の増大は消費税の増税で賄うしかないと考えていると思われます。

【税制改正のプロセス】

　政府税制調査会が総理大臣の諮問を受け、その時々の経済社会の変化を踏まえて、中長期的観点から税制のあり方の検討を行います。

　年の後半から十数回の会合を持ち、現在はインターネットでその議事の様子も見ることができます。

　この政府税制調査会の答申を受け、与党の税制調査会が各省庁からの税制改正要望を受けて、具体的な税制改正事項を決定していきます。

　この結果が「与党税制改正大綱」として取りまとめられ、閣議決定されます。

　これを受けて財務省が国税関係の改正法案を作成し、総務省が地方税の改正法案を作成の上、国会に提出され可決を経て施行されます。

［第1節］ 消費税の創設から現在までの流れ

1．問題点の所在

　前置きとして回りくどいようですが、元政府税制調査会石弘光会長の著書を参考に消費税の導入と財政との関係から考えてみます。

　消費税は平成元年に導入されました。1950年代から当時の物品税を拡充して消費税にしようという考え方がありましたが、1955年（昭和30年代）から所得倍増、高度経済成長時代を通じた税収自然増に支えられ、一旦はたち消えになりました。

　こうした潤沢な税収の中、公共サービスの充実が見られ、年金制度、医療を中心とした社会福祉制度が構築されたのです。

　ところが、1973年と1979年の石油ショックの後、高度経済成長が終焉し、税収の伸びが期待できなくなりましたが、それまでの好況を背景として社会福祉制度が導入されたことから、将来にわたって、社会保障費という財政支出が増加し続けていくという要因が社会経済システムに組み込まれてしまいました。石油ショックの起きた1973年は同時に「福祉元年」と呼ばれたのです。

　受益と負担のギャップが顕在化する背景がこのときに作り出されたといわれています。

　歳入と歳出のバランスが崩れ、財政赤字の累積が問題視されるようになり、財政再建の必要性が叫ばれるようになりました。

　このような財政支出に備えるため、1976年度から1986年度までは法人税、間接税の増税が行われましたが、所得税については物価上昇による名目賃金の増税部分を調整するための減税が行われました。

2．増税なき財政再建

　1979年1月に大平内閣が閣議決定した一般消費税は大多数の国民の理解を得られず立ち消えとなりました。そこで1981年には法人税率が40％から42％に引き上げられましたが、この増税が大きな反発を招いたことから、財政再建は増税ではなく、行政改革、歳出削減によって行われることとなりました。

このとき、増税なき財政再建をスローガンとして第二臨調が発足しました。

3. 消費税の導入まで

その後、直間比率の見直しという考え方がいわば唐突に出されました。

1970年代から税収は法人税、所得税の直接税比率が高く、間接税との比率が70対30で推移していました。直間比率の見直しとは、直接税偏重ではなく、間接税の比率を高め、その比率を50対50にしようという考え方です。

また、直間比率の見直しという考え方の中には、新規の財源を見つけ出そうとする隠された意図もあったといわれています。

今にして思えば、当時は唐突と思われたこの直間比率の見直しは間接税比率を高めるという考え方、つまりは新税を間接税として創設しようという考え方が根底にあり、まさしく一般消費税を導入しようということであったということが分かります。

臨調方式による歳出削減を行っても中長期的には何らかの国民負担増は避けられない、ということです。

1984年には歳出削減はもう無理であるとして経済界でも大型間接税導入に理解を示しましたが、中曽根内閣は大型間接税というようなものは導入しないと選挙公約した手前、売上税を含む税制改正改革法案は廃案が確定したのです。

4. 消費税創設

その後1988年4月に竹下内閣のもとで税制改正中間答申が示され、1989年に消費税が導入されました。

消費税導入にあたり、次のような大幅減税が実施されたことは今回の消費税率引き上げに伴う車体減税や各種の減税措置の延長拡充と同様です。

1　累進税率のフラット化、所得税減税
2　相続税の課税最低限引き上げ並びに税率緩和による減税
3　法人税の税率引き下げによる減税
4　既存間接税の廃止

しかしながら、導入にあたり政治的な妥協を重ねた結果、消費税としての国際基準には及ばないものとなっただけではなく、益税が発生する仕組みとなってしまいまし

た。

　こののち、平成9年4月、橋本内閣のときに税率が3％から5％に上がった際に、増税前の駆け込み需要と増税後の需要の冷え込みに対応できず経済活動が落ち込み、大変な混乱をきたしたことを踏まえ、平成31年度の税制改正は需要変動に対応するべく、様々な手を打ったのです。このときの景気の落ち込みは消費増税の影響だけではなく、公共投資の大規模な削減という財政支出を切り詰めた緊縮財政予算を組んだことにも原因があるといわれています。

［第2節］ 経済社会の変遷とあるべき税制改正

1. 所得税の復権を目指す

　少子高齢化社会で社会保障費の増大が一番の問題となっています。

　さらには、グローバル化という経済の国際化がデフレを呼び込み、法人の売上、利益のみならず、経済社会そのものに大きな影響をもたらしています。法人は従業員の賃上げを抑制し、その結果、GDPの60％を占める個人消費が伸びないことからデフレスパイラルに入り込んでしまいました。

　小泉内閣では、政府税制調査会に対して次のように諮問しました。
　　1　中長期的な観点から我が国税制のあるべき姿を議論すること
　　2　短期的な改革も中長期的な方針との整合性を図ること

　所得税は、過去に税率のフラット化の動きによって最高税率も引き下げられ、累進度も緩和され、所得再分配機能が減退してしまいました。

　さらに、法人税は各国においても税率が下がり、日本も漸次税率を引き下げている現状があり、加えて連結納税も導入されたことから、将来的に法人税は基幹税としての地位を失うと考えられます。

　これらのことから政府税制調査会は、所得税の機能を回復させ基幹税として復権させることが税制改革の最も重要な課題であると認識し、所得税の復権を目指すこととなりました。

2. 消費税の逆進性と資産所得課税強化

　一方、消費税はもともと逆進的な税負担であることから、税率引き上げが将来実施されると、所得水準の高い階層と低い階層との間で不公平感が強まります。その不公平感をなくし、社会的公平を確保する観点から、相続税等の資産段階での再分配の強化が求められてきます。

　このため、相続税の税額を計算するための基礎控除の金額が減額となりました。
≪平成26年12月31日まで　5,000万円＋1,000万円×法定相続人の数≫でしたが、
≪平成27年1月1日から　3,000万円＋600万円×法定相続人の数≫となり、相続税

の申告の件数、金額とも増加しています。

3. 法人税の税率低下と税収構造の変化

現在の税制を考えると申告所得税はここ数年来の諸控除見直しによる増税傾向、法人税は日本の税率が30％を切り、アメリカ、英国は21％ととなり、税収は減少傾向、これとは逆に消費税が増税となり、相続税も課税最低限が引き上げられている現状が良く理解できます。

[第3節] 財政赤字の解消と所得税

1. 財政赤字の増加（再説）

　財政赤字が膨らんだのは70年代のオイルショックで低成長に落ち、税収の伸びが期待できなかったにも関わらず、福祉の充実を図ろうとしたことがきっかけといわれています。歳入の伸びが期待できない中、歳出は増える一方という仕組みを作ってしまったとのことです。

　くしくも1973年に公的年金が整備され給付水準が大幅に引き上げられたほか、老人医療の無料化も導入されました。

　さらにサラリーマン税制に対する「大島訴訟」への対応として選挙対策も兼ねて給与所得控除を大幅に拡大しました。「2兆円減税」といわれています。

　この社会保障制度と給料所得控除が今に至るまで税制に負の影響を与えているといわれています。

　この2つの負の影響をどのように正常化していくかが税制改正の大きな目的といえます。

　法人税は税率が下がり、基幹税としての地位を失いつつある中、年金・医療・介護を支える税制は所得税か消費税、その適切な組み合わせしかないと考えられています。

2. 個人所得税を取り巻く環境変化

　少子高齢化、就労構造・雇用形態の変化、地方分権による税源移譲などの諸問題が現状の所得税制と必ずしもマッチしていないということがいわれています。

　度重なる政策的な減税により、諸控除の拡充、税率の引き下げが行われた結果、相当の負担軽減が行われてきました。

　この長年にわたる減税の結果、所得税の税収確保という機能を著しく減退させ、課税ベースも縮小したことから税負担にゆがみや不公平を生じさせるようになってきたのです。

3. 基幹税としての所得税の復権を目指す

　課税の公平性・中立性を確保するために、今まで社会保障、雇用、その他政策目的のために活用されてきた多くの所得控除をできる限り統廃合し、所得控除全体を見直すことによって課税ベースを広げ、所得税を基幹税とするという税制改正が行われることになったのです。

　今後は所得税の機能をさらに回復させるために所得区分の見直しが行われる可能性があります。

4. 社会保障費の負担者はだれか

　社会保障制度の年金・医療・介護の制度の恩恵を現在も将来も受けるのはあらゆる国民階層、すなわち個人事業主、サラリーマン、主婦等です。

　この方々は税制の面から見れば所得税の納税者です。

　社会保障の受益者たる大多数の方々は同時に所得税納税者であることから、自分たち所得税納税者の負担でこの社会保障制度を支えていかなければならないと考えられています。

　大多数を占める所得税納税者を負担の主軸にするしかほかに社会保障制度を維持する選択肢はあり得ないと考えられます。

　このような観点から、所得税の増税傾向が続くと考えられます。

　所得税に関する最近の税制改正の流れを確認しておきます。

5. 所得税の税制改正の流れ

平成22年度税制改正　「所等控除から手当へ」等の観点から、年少扶養親族に対する
　　　　　　　　　　扶養控除廃止　平成23年から適用
平成25年度税制改正　税率引き上げ　所得再分配機能復活
　　　　　　　　　　所得4,000万円超　45％　地方税と合わせ55％　平成27年

	から適用
平成26年度税制改正	給与所得控除上限額の2段階で引き下げ　高額所得者増税平成28年分からと平成30年分から適用
平成29年度税制改正	配偶者控除金額・配偶者特別控除金額の所得金額に応じた引き下げ
平成30年度税制改正	給与所得控除金額の一律10万円引き下げ及び所得金額に応じた引き下げ 公的年金控除金額の引き下げ 基礎控除金額一律10万円引き上げ←給与所得控除からの振替え 多様な働き方の後押し 令和2（2020）年から適用される。
平成31年度税制改正	給与・公的年金における源泉控除対象配偶者控除が夫婦いずれか一方しか適用できない。令和2（2020）年から適用される。

　このような改正の流れから読み取ることができるのは明らかな所得税の増税です。

6. 社会保障の安定財源としての消費税

　社会保障給付は好不況に関係なく人口の高齢化に対応し、年々着実にかなりの規模で増加する性格の経費です。

　そのような経費を賄うことができるのは同様に安定的な税収です。

　毎年安定的にしかも多額に調達できる税収は消費税を置いてあり得ません。

　社会保障制度の負担を好況不況に影響を受ける給与所得者の所得税にのみ求めることは現実的ではなく、また不可能です。

　一方で消費税は好況、不況に関わりなく、税収が安定しています。

　したがって社会保障費の財源を消費税に求めることには一定の合理性があると考えられます。

　法人税はグローバル化の影響を受け、連結納税で基幹税の地位を次第に失っていく

と考えられます。

7. 消費税の税制改正の流れ

平成24年度税制改正	社会保障・税一体改革素案 消費税を社会保障目的税とし、平成26年4月から8％、平成27年10月から10％とするとする法案。
平成25年度税制改正	平成26年4月から消費税率が8％に、平成27年10月から10％に引き上げることを決定。→8％に引き上げ。
平成26年度税制改正	10％引き上げ時に軽減税率の導入が決まっていましたが、同様に延期されました。 自動車取得税が10％引き上げ時に廃止が決まっていた。
平成27年度税制改正	消費税率10％引き上げが延期（平成29年4月1日まで）
平成28年度税制改正	消費税率10％引き上げが平成29年4月1日から実施される、同時に軽減税率導入。→のち延期 インボイス制度（適格請求書等保存方式）の導入が決まる。
平成29年度税制改正	自動車エコカー減税の見直しと延長

　令和元（2019）年10月に消費税が10％に引き上げられます。税率10％への引き上げは2回延期されこの10月から実施される予定です。

　税率引き上げ後の景気減速を防止するため、税制、財政で手を尽くした税制改正となりました。

　消費税を基幹税とするという考え方が伝わってきます。

第2章

平成31年度税制改正の基本的考え方

第1節　ポイント還元

第2節　マイナンバーカードを利用した自治体ポイント還元事業

第3節　プレミアム付き商品券

第4節　公共事業

第5節　すまい給付金の拡充

第6節　軽減税率──恒久的措置

第7節　広告表示に関する指針

第8節　社会保障の予算

第9節　ひとり親非課税措置

平成31年度税制改正大綱は令和元（2019）年10月に消費税率が10％に引き上げられた後の景気減速を防止する観点から、需要喚起策とりわけ、自動車・住宅の買い控えを防ぐ対策に重点を置いています。
　消費税増税に伴う景気悪化を防ぐため、自動車と住宅について手厚い購入支援策を盛り込みました。
　そのほかポイント還元セールや、プレミアム付き商品券、すまい給付金、国土強靭化対策など財政政策として、多岐にわたる施策が盛り込まれています。

　これに先立ち、政府は次のような経済予測を立てていました。
　実質成長率1.3％で国内需要中心に景気回復が続くという見通しを立て、令和元（2019）年10月増税後も増税対策費で個人消費を下支えできると考えています。
　企業の賃上げや設備投資で経済成長が可能と見込み、予算措置と減税を合わせて合計2兆3,000億円の経済対策を行い消費税増税後の需要落ち込みを防ごうということです。
　消費税の増税で5兆7,000億円の負担増、タバコ、所得税増税分合計で6兆3,000億円の国民負担増に対し、軽減税率により1兆1,000億円、社会保障充実により3兆2,000億円の国民負担が減少するので、消費増税を十分に乗り越えられると考えています。
　財政再建は大事だがそれだけでは現実の物事が進まないということです。
　そこで、前回の消費税の増税時に消費が低迷した住宅には給付金やローン減税を充実させ、消費の落ち込みに備えています。
　このため、次に掲げるような財政政策を講じることとなりました。

［第1節］　ポイント還元

　クレジットカードやQRコード、電子マネーを使って買い物をするとポイントが還元される制度ができます。

　令和元（2019）年10月から令和2（2020）年6月までの9カ月間、中小小売店で買い物をすると5％のポイントが付与され、大手チェーン店で買い物をすると2％のポイントが付与されます。予算規模は2,798億円、期間限定で十分な還元率を確保し、消費の落ち込みを防ぐ政策です。

　消費税増税前の駆け込み需要と増税後の冷え込みを防ぐ目的で予算措置され、同時に買い物時におけるキャッシュレス化の普及も狙っています。

　キャッシュレス化の普及で買い物に関するいわゆるビッグデータが蓄積され、そのデータを将来のAIの精度向上に役立てようという考えがあるといわれています。

　10月以降税込1,000円のものをカード払いで買えば10％の消費税が課されますが、5％、55円のポイントが付き、実質1,045円で買うことができる。増税前は1,080円なのでポイントを使えば安く買うことができます。

　2％増税し、5％をポイント還元しますので結果的に3％の減税効果が生じます。

　大手チェーン店の場合でも2％の増税が打ち消されるということになります。

　これらの減税効果は消費者のためでもありますが、事業者の売り上げの落ち込みを防ぐことに主眼があることから、資本金が5,000万円以下か従業員50人以下の中小企業者であっても、課税所得が過去3年平均で15億円を超える企業はポイント還元制度の対象から外されることになりました。

　消費者への還元はポイントだけではなく、ポイント分の金額を店頭で値引きしたり、ポイント分の現金を銀行口座に振り込むことも認められます。

　ポイント還元は高額商品を買ったり、企業が備品を大量購入するケースも対象となります。

　中小小売店にはポイント付与の機能が付いた端末を導入する場合に、その導入費用をゼロにするすることができる措置も講じることとしています。

　平成31年3月現在、レジ1台の補助金の上限は20万円に据え置きましたが、補助率を3分の2以内から4分の3以内に引き上げ、3万円未満のレジ1台を購入する場合の補助率も4分の3以内から5分の4以内と充実させました。

補助金の対象は複数税率対応の「券売機」、事業者間で請求書を発行するためのシステムなどに拡大されました。

［第2節］ マイナンバーカードを利用した自治体ポイント還元事業

　自治体ポイントは、あまりなじみはありませんが、地域振興を目的に平成29年の9月から始まった制度です。

　これは、マイナンバーカードを持っている人が、国の専用サイトの「マイキープラットフォーム」にIDを登録して、自分の希望する自治体のポイントを購入する制度です。

　こうして購入したポイントは自治体が指定する小売店やネットの販売サイトで1ポイント1円として使うことができます。

　事業期間は令和2（2020）年7月から令和3（2021）年3月末までで、キャッシュレスポイント還元が終了する令和2（2020）年6月より後も切れ目のない消費対策を行うこととしています。

　プレミアム率は2割となる予定で、利用者は1万円を支払って1万2,000円分のポイントを得られます。

　国はこのプレミアム分を国費で賄う考えでいます。

　各自治体が自己財源によって対象者に自治体ポイントを付与することもでき、例えばボランティア等の景品としての行政ポイントを付与するものもあります。

　クレジットカードのポイントや航空会社のマイレージなどを自治体ポイントに変換し合算することもできます。このようなポイントを地域経済応援ポイントと呼んでいます。

　このようにして貯めたポイントは実店舗での買い物に使うことができます。

　自治体ポイント還元事業の目的は、買い物の代金をポイントで支払うことができる機能を活用し、マイナンバーカードやフォームの普及、テコ入れも図ることとされています。

［第3節］ プレミアム付き商品券

　2万円の支払いで2万5,000円買い物ができるプレミアム付商品券を発行します。予算規模は1723億円、0歳から2歳の子供がいる世帯と住人税非課税世帯が対象で子供の人数分発行されます。

　この商品券は発行した自治体内で有効で令和元(2019)年10月から令和2(2020)年3月までの半年間使えます。この間に使い切ってもらうことにより増税後の消費の落ち込みを埋める目的があります。

[第4節] **公共事業**

　平成は自然災害の多い時代でした。防災対策を進めるためにインフラ整備を充実させます。政府はこれらの事業実施を増税後にするよう訴えています。これにより、増税後の景気落ち込みを下支えします。

　国土強靭化対策として平成30年度から3年間で政府民間の事業規模は約7兆円を支出することにしています。

　このうち、平成31年度予算には1兆3,475億円計上し、企業の設備投資や従業員の給与が増加することを目論んでいます。

［第5節］ すまい給付金の拡充

　すまい給付金とは住宅購入を補助する給付金で、年収510万円以下を対象に最大30万円を支給していましたが、消費税増税後は年収775万円以下までに支給対象が広がり、支給額も最大50万円に増えます。
　次世代住宅ポイント制度が創設され、省エネ住宅の新築やリフォームをすると省エネ家電と交換できるポイントを得られます。令和2（2020）年10月以降の引き渡しが要件となっています。

[第6節] 軽減税率──恒久的措置

　消費税が10％に引き上げられますが、酒類を除く飲食料品などの購入に係る税率を8％に据え置く軽減税率制度が導入されます。

　消費税増税による痛税感の緩和策として増税対策の中核と位置付けられています。

　国税庁は軽減税率の適用判断について、Q&Aをホームページで公開しています。

　それによりますと、酒類にはみりんも含まれるのでみりんは10％税率が適用されますが、アルコール分1％のみりん風調味料は8％の軽減税率です。

　レストラン等で飲食する場合は、飲食料品の購入ではないので10％税率が適用されますが、コンビニ等での飲食料品の購入、持ち帰りは8％ですが、イートインコーナーで購入飲食料品を飲食すると10％となるなど、税率が併存します。飲食禁止とすれば持ち帰りのため8％が適用されます。

　平成31年4月現在の情報では、「イートインスペースで飲食する際は会計時にお申し出ください」との内容の掲示をすることとなりました。この結果、店側からの意思確認を原則不要とすることとなりました。

［第7節］　広告表示に関する指針

　従来までの増税局面については便乗値上げを防止するという観点から、物価監視等が行われていましたが、今回は増税前後の需要の変動を防止する観点から、増税前後の自由な価格設定を促し、増税後の一斉値上げによる需要の落ち込みを防ぐこととしました。
　価格設定についても増税前の需要が増加することによる価格上昇は便乗値上げに当たらないという考え方が示されました。
　「消費税還元セール」という広告宣伝は禁止されますが、「2％値下げ」は問題はありません。

［第8節］ 社会保障の予算

　平成31年度の社会保障費は平成30年度予算より3.2％多い34兆587億円が計上されています。

　このうち年金には12兆488億円　医療には11兆8,543億円　介護には3兆2,101億円の予算が充てられています。

　10％引き上げに合わせて実施する社会保障充実策には幼児教育・保育無償化で国が負担する額も含め7,157億円が計上されています。

　令和元（2019）年10月から始める幼児教育保育の無償化には3,882億円があてられ、子育て世代の負担を和らげる3歳から5歳の子どもすべてが対象とされています。

　0から2歳の保育所も住民税非課税世帯は無償とされました。

　これら無償化は「全世代型の社会保障」の一つで、社会保障給付を現役世代にも振り向けたものといえます。

　令和元（2019）年10月から始まる低年金の高齢者へ最大で月5,000円支給される給付金用予算として1,859億円が計上されています。

　児童扶養手当を受け取っている年収360万円以下の未婚ひとり親に臨時措置として1万7,500円の給付金が支給されます。

［第9節］ ひとり親非課税措置

　年収204万円以下の未婚のシングルマザーは令和3（2021）年度以降の住民税を非課税とします。この対象となるシングルマザーは児童扶養手当の支給対象で、事実婚の状態にないことが条件です。

　従来からある離婚、死別等の「寡婦控除」とは別建ての支援策であり、結婚していない、未婚のひとり親世帯にも恩恵が及ぶようにするための措置です。

第3章

具体的な税制改正項目

第1節　法人課税

第2節　国際課税

第3節　医療

第4節　消費課税

第5節　個人所得課税

第6節　資産課税

第7節　相続法（民法）改正

第8節　その他の税制

具体的な税制改正項目は下記のとおりである。

[第1節] 法人課税

1. 研究開発税制

・研究開発税制の見直し①②③　4～8ページ

試験研究を行った場合の法人税額の特別控除の特例の概要

　試験研究費とは製品の製造又は技術の改良、考案若しくは発明に係る試験研究のために要する費用で、原材料費や人件費及び経費が該当します。
　人件費は専門的知識をもってその試験研究の業務にもっぱら従事する者に係るものに限られます。

【改正前制度の概要】
　この税額控除には次の4つのものがあります。
　1　試験研究費に係る税額控除制度
　　　総額型といわれ、青色申告法人の試験研究費の額に対して一定の控除割合で計算した金額が法人税額から控除されます。
　2　中小企業技術基盤強化税制
　　　青色申告法人のうち、中小企業者に該当する法人の試験研究費の額に対して一定の控除割合で計算した金額が法人税額から控除されます。
　　　この制度は法人が中小企業者に該当する事業年度において①の総額型に代えて適用することとなります。
　3　特別試験研究費に係る税額控除制度
　　　青色申告法人が国の試験研究機関や大学その他の者と共同して行う場合の試験研究費（特別試験研究費）がある場合にその特別試験研究費に対して一定の控除割合で計算した金額が法人税額から控除されます。

4　試験研究費の増加額等に係る税額控除制度

高水準型といわれており、今回廃止されました。

これは上記1、2、3とは別に、青色申告法人の平成29年4月1日から平成31年3月31日までの間に開始する事業年度において当期の試験研究費の額が平均売上金額の10％相当額を超える場合の税額控除です。

【改正の内容】

この度の税制改正で、質の高い積極的な研究開発投資を促す観点、また独自の技術を持つベンチャー企業の育成を支援する観点等から現行の研究開発税制が次のように拡充されました。

・総額型は自社での研究開発が中心で税額控除上限は25％、研究開発を行う一定のベンチャー企業の税額控除上限を40％に引き上げました。

　対象となるベンチャー企業は
　・設立10年以内
　・単年度黒字により納税義務発生
　・翌期繰越欠損金を保有している
　・大法人の子会社等を除く

現行の総額型の上乗せ措置であるいわゆる高水準型を廃止し、新たに売上高試験研究費割合10％超の場合の控除上限の上乗せ措置を講ずることにより、総額型に組み込みました。

・特別試験研究費の対象となるオープンイノベーション型について、質の高い研究開発を一層促進する観点から、研究開発型ベンチャーとの共同・委託研究を新たに設定し、その支援を強化することとしました。

事業会社が当該ベンチャーと共同研究・委託研究をする場合に係る費用の税額控除率を25％とし、さらに、税額の控除上限を現行の5％から10％に引き上げました（総額型と別枠で控除）。

「研究開発型ベンチャー企業」とは産業競争力強化法の新事業開拓事業者でその発行する株式の全部又は一部が同法の認定ベンチャーファンドの組合財産であるもの、その他これに準ずるものをいいます。

オープンイノベーション型について一定の特定用途医薬品に関する試験研究も新た

に加えられました。

2. 中小企業税制

・中小企業向け設備投資促進税制の改正　9・10ページ
・中小企業防災・減災投資促進税制：手続き　11ページ

　中小企業、小規模事業者の「攻めの投資」を後押しするための税制として、中小企業投資促進税制、中小企業経営強化税制、商業・サービス業・農林水産業活性化税制等を措置していますが、中小企業の積極的な設備投資を後押しし、「生産性革命」の実現を図る観点から、これらの措置を2年間延長します。
　ただし、中小企業者等のうち、事業年度開始の日前3年以内に終了した各事業年度の所得の平均額が15億円を超える場合は「適用除外事業者」となり、租税特別措置法上の中小企業特例を停止する措置が取られます。
　この特例の停止措置が適用されるのは平成31年（2019）年4月1日開始事業年度からとされています。

　それぞれの税制の概要は下記のとおりです。
（1）中小企業投資促進税制
　　　中小企業における生産性向上を図るため、一定の設備投資を行った場合に特別償却又は税額控除の適用を認める措置です。税額控除は資本金3,000万円以下の中小企業者等に限ります。
［対象者］　中小企業者等（資本金1億円以下の法人、農業協同組合等）と従業員数1,000人以下の個人事業主
［対象設備］
　　　　　機械及び装置【1台160万円以上】、
　　　　　測定工具及び検査工具【1台120万円以上、1台30万円以上かつ複数合計120万円以上】
　　　　　ソフトウェア【一のソフトウェアが70万円以上、複数合計70万円以上】
　　　　　貨物自動車【車両総重量3.5トン以上】

内航船舶【取得価格の75％が対象】

［措置の内容］

　　個人事業主と資本金3,000万円以下の中小企業　　30％特別償却又は7％税額控除

　　資本金3,000万円超の中小企業　　　　　　　　　30％特別償却

（2）中小企業経営強化税制

　　中小企業の稼ぐ力を向上させる取組みを支援するため、中小企業等経営強化法による認定を受けた経営力向上計画に基づく設備投資について、即時償却及び税額控除（7％）のいずれかの適用を認める措置です。個人事業主は10％の税額控除。

　　工場などの生産活動の事業の用に直接供される生産設備等が対象で事務用器具備品や本店寄宿舎等に係る建物付属設備等は対象外です。

　　ただし、働き方改革を踏まえ、工場等の休憩室等に設置される冷暖房設備等や、作業場に設置されるテレワーク用PC等は本税制の適用を受けることができます。

A類型　生産性向上設備

［要件］　①中小企業等経営強化法の認定

　　　　　②生産性が旧モデル比年平均1％以上改善する設備

［対象設備］

　　　　機械及び装置【160万円以上】、

　　　　測定工具及び検査工具【30万円以上】

　　　　器具・備品【30万円以上】試験、測定機器、冷凍陳列棚など

　　　　建物付属設備【60万円上】ボイラー、LED照明、空調など

　　　　ソフトウェア【70万円以上】情報を収集・分析・指示する機能

［確認者］

　　　　工業会等

　　　　詳細は次のホームページをご参照ください。

　　　　https://www.kanto.meti.go.jp/seisaku/chushokigyo/kojokeikaku_shinsei.html

B類型　収益力強化設備

［要件］　①中小企業等経営強化法の認定

　　　　　②投資収益率が5％以上の投資計画に係る設備

［対象設備］

機械及び装置【160万円以上】、

　　　工具【30万円以上】

　　　器具備品【30万円以上】

　　　建物付属設備【60万円上】

　　　ソフトウェア【70万円以上】

［確認者］　経済産業局

［措置の内容］

　　　即時償却　又は　7％税額控除（資本金3,000万円以下若しくは個人事業主は10％）

　　　詳細は次のホームページをご参照ください。

　　　https://www.kanto.meti.go.jp/seisaku/chushokigyo/keieiryoku_kyouka_Bruishinsei.html

（3）商業・サービス業・農林水産業活性化税制

［対象者］

　　　経営改善指導等に基づき、対象設備を取得した商業・サービス業を営む中小企業者等

　経営改善指導等を行う機関は、経済産業省等の官庁ではなく

　・都道府県中小企業団体中央会

　・商工会議所、商工会

　・商店街振興組合連合会

　・認定経営革新等支援機関　等

です。

　これらの民間の機関による「経営改善等助言書類」に「本税制措置を用いて行う設備投資と経営改善によって、年間2％以上の売上高又は営業利益の伸びの達成が期待できると見込まれること」をあらかじめ明記した上で、上記アドバイス機関から経営改善に係る指導助言を受けることにより、適用を受けることができます。

［対象設備］

　　　建物付属設備【60万円上】

　　　器具・備品【30万円以上】

［措置の内容］

30%の特別償却又は7%の税額控除

税額控除は資本金3,000万円以下の中小企業者等に限られています。

詳細は次のホームページをご参照ください。

https://www.chusho.meti.go.jp/zaimu/zeisei/2015/150401zeisei.htm

(4) 中小企業防災・減災投資促進税制

中小企業が災害への事前対策を強化するための設備投資の後押しをするため、自家発電機、制震・免振装置等の防災・減災設備等に対して特別償却（20%）を講じます。

事業者が作成した事前対策のための計画を、経済産業大臣が認定します。認定計画に含まれる設備の導入に対して、下記の税制措置を適用します。

［対象者］

　　事業継続力強化計画（仮称）の認定を受けた中小企業・小規模事業者

［対象設備］

　　機械及び装置【1台100万円以上】：自家発電機、排水ポンプ等

　　器具備品【30万円以上】：制震・免振ラック、衛星電話等

　　建物付属設備【60万円以上】：止水版、防火シャッター、排煙設備等

［措置の内容］

　　20%の特別償却

　　詳細は次のホームページをご参照ください。

　　https://www.chusho.meti.go.jp/keiei/kyoka/index.html

3. 措置法上のみなし大企業の範囲の見直し

・措置法上のみなし大企業の範囲の見直し　12・13ページ

<u>措置法上の用語の定義</u>

各種の租税特別措置が適用される中小企業者とは資本金の額若しくは出資金の額が1億円以下の法人のうち、次の大規模法人及び大規模法人所有法人以外の法人のことをいいます。

まず、大規模法人とは何かですが、次のとおりです。

大規模法人：資本金の額若しくは出資金の額が<u>1億円</u>を超える法人又は資本又は出資

を有しない法人のうち常時使用する従業員が千人を超える法人。
　①大規模法人に発行済株式又は出資の総数又は総額の2分の1以上の所有されている法人は中小企業者ではありません。⇒みなし大企業となります
　②複数の大規模法人に発行済株式又は出資の総数又は総額の3分の2以上の所有されている法人は中小企業者ではありません。⇒みなし大企業となります

したがって、12ページの図解において、資本金5億円の親法人は大規模法人となり、資本金5,000万円の子法人は大規模法人に2分の1以上所有されていますので中小企業者にはなりえません。みなし大企業です。

従前の取り扱いでは資本金3,000万円の孫は資本金5,000万円の子に支配されているだけなので中小企業者となっていました。

今回の改正で、まず、大法人という概念が導入されました。

大法人というのは資本金の額若しくは出資金の額が5億円以上である法人、相互会社若しくは外国相互会社(常時使用従業員数が1,000人超のものに限る)です。

①この大法人の100%子法人と②100%グループ内の複数の大法人に発行済株式又は出資の全部を保有されている法人が大規模法人とされました。

図解の資本金5,000万円の子法人は資本金5億円の大法人の100%子法人となることから、大規模法人となります。

　①大規模法人に発行済株式又は出資の総数又は総額の2分の1以上所有されている法人は中小企業者ではありません。⇒みなし大企業となります
　②複数の大規模法人に発行済株式又は出資の総数又は総額の3分の2以上所有されている法人は中小企業者ではありません。⇒みなし大企業となります

したがって、資本金3,000万円の孫法人はみなし大企業となり、中小企業者ではなくなりました。

平成31年度改正により、これまで中小企業者として取り扱われた、大法人である親会社が間接的に支配権を有する孫会社についてもみなし大企業とされ、各種の中小企業租税特別措置税制の適用が受けられなくなりました。

4. 事業承継ファンドから出資を受けた場合の特例の要件緩和

・事業承継ファンドから出資を受けた場合の特例の要件緩和　14・15ページ

改正前は、中小企業基盤整備機構は大規模法人に該当することから、C社は発行済株式等の3分の2以上を複数の大規模法人に所有されているのでみなし大企業となり、設備投資に係る中小企業税制を適用することができず、事業承継に向けた設備投資が滞る恐れがありました。

　このため、中小企業等経営強化法に基づく認定を受けた事業承継ファンドを通じて中小機構から出資を受けた場合には、中小機構出資分を大規模法人の有する出資から除くこととする改正措置を講じました。

5. 組織再編税制における適格要件の見直し

・組織再編税制における適格要件の見直し①②　16・17ページ

　事業再編を円滑化するための組織再編税制における適格要件等の見直しの措置が講じられました。

（1）親会社が子会社を完全子会社化したのちに行う逆さ合併
　　現行税制では非適格とされていたが、本税制改正により適格組織再編の対象となりました。
（2）現状では、株式会社が合併、株式交換、分割等の組織再編を行う場合において、親会社の株式を対価とする場合、適格要件を満たすためには直接完全支配関係にある株式に限定されているところ、本税制改正により間接保有の完全親会社の株式を組織再編の対価とする場合についても適格組織再編とされました。

6. 役員の業績連動給与に係る損金算入手続きの見直し

・役員の業績連動給与に係る損金算入手続きの見直し　18・19ページ

　指名委員会等設置会社においては、報酬諮問委員会における審議を充実させる観点から報酬諮問委員会の構成の要件として独立社外役員を過半数とするなどの見直しを行いました。

　監査役会設置会社や監査等委員会設置会社において報酬決定の手法としてより客観

性・透明性の高い報酬諮問委員会の活用が原則とされました。

7. 地方法人課税の偏在是正措置

・地方法人課税の偏在是正措置　20ページ

　地方創生を推進し、一億総活躍社会を実現するためには、地域間の財政力の格差の拡大を是正し、経済社会構造の変化等を踏まえ、大都市に税収が集中する構造的な課題に対処する必要があります。
　都市と地方が支え合い、ともに持続可能な形で発展するため、特別法人事業税及び特別法人事業譲与税が創設されます。
　大手企業が支社を子会社化した結果、事業所がなくなり、課税できない状況が発生し、税収が大幅に減少しました。
　また、フランチャイズ事業ではロイヤルティを本部に支払った後の減少した利益を課税標準とするため、税収が減少する傾向にあります。
　地方交付税の交付団体では赤字地方債の残高が累増する一方、不交付団体である東京都は毎年1兆円を超える財源超過額が発生しています。
　いわば、この東京都の税収が狙われたということもできるかもしれません。

8. 仮想通貨に関する法人税の課税関係の整備

・仮想通貨に関する法人税の課税関係の整備　21・22ページ

　平成31年3月現在の情報によりますと、仮想通貨の交換業者や取引に関する規制強化策を盛り込んだ金融商品取引法と資金決済法の改正案が決定されました。仮想通貨ではなく、呼び名を国際標準に統一し、「暗号資産」としました。
　金融庁は2017年4月、仮想通貨の交換業者に登録制を導入し、取引の安全やマネーロンダリング防止を行っています。

[第2節] **国際課税**

1. 過大支払利子税制の見直し

・過大支払利子税制の見直し①②　24〜26ページ

　過大支払利子税制について、一部の米国多国籍企業によるタックスプランニングによる税逃れに対応するべく、BEPSプロジェクトを踏まえて見直しすることとなりました。

　この税制の対象となる純支払利子等の額は、支払利子等の額から我が国の課税所得となる支払利子等の額や一定の公共法人に対する支払利子等の額、特定債券利子等に係る支払利子等で非関連者に対するものを除いた金額です。

　また損金不算入額は調整所得金額の20%（現行50%）を超える部分となり、この税制の適用を免除する基準は純支払利子等の額が2,000万円（現行1,000万円）以下であることと定められました。

2. 移転価格税制

・移転価格税制①②　27〜29ページ

　移転価格税制とは、内国法人が国外関連者との取引価格を操作して、内国法人から国外関連者に利益を移転させ、日本の税の軽減を図ることを防止するために、適正な取引価格としての独立企業間価格を定めて、適正な国際課税を実現しようとする制度です。

　独立企業間価格とは「国外関連取引が棚卸資産の販売又は購入とそれ以外の取引のいずれに該当するかに応じて…最も適切な方法により算定した金額」のことをいいます。

　平成31年度改正で移転価格税制の対象となる無形固定資産の定義が明確となり、その無形資産の独立企業間価格の算定方法が整備されました。

　これにより、比較対象取引が特定できない無形資産取引等に対する価格算定方法と

して新たに導入されたDCF法によることができるようになりました。

　日本本社と海外子会社との間の取引に関する税務調査で移転価格の観点から無形資産の譲渡・貸付けに関してその譲渡・貸付け価額の金額を問題にされることがあります。

　無形固定資産の概念については、明確に定められていなかったことから、この無形資産の概念を拡大解釈して、本社の技術者が海外子会社に出張して技術指導などをした際に、その技術者が持っているノウハウの供与も無形資産の譲渡貸付け等に該当するなどと主張する税務調査の事例が多くありました。

　しかも移転価格の問題としてアプローチするものの、最終的にその技術者の人件費相当額を海外子会社に対する寄付金（全額損金不算入）として否認するというような移転価格税制の考え方（移転価格税制は寄付金の額に該当するものを除く）と矛盾するような調査が行われてきました。

　このような事例は日本本社と海外子会社との間の費用負担をどう考えるかという問題は残るものの、今回の改正で無形資産の概念が明らかになりましたので、今後移転価格税制の問題として指摘されることはないと思われます。

　また、これとは別に、BEPSプロジェクトを踏まえ、一定の評価困難な無形資産取引を特定無形資産取引と位置付け、移転価格税制上の独立企業間価格の算定に関して、事後的な価格調整措置（特定無形資産取引価格調整措置）を導入することとしました。

　特定無形資産取引に係る独立企業間価格の算定の基礎となる将来予測キャッシュフローとその結果が相違した場合はその結果及びその相違の原因事由を勘案し、最適な価格算定方法により算定した価格を独立企業間価格とみなして更正等をすることができることとされていますので注意が必要です。

　ただし、算定した金額と当初取引価格［収入ではない］との相違が20％を超えていない場合はこの限りではありません。

　また、特定無形資産の使用により生ずる非関連者収入が最初に生じた日を含む事業年度開始の日から5年を経過する日までの間の予測収益［価格ではない］等の額と実際収益［価格ではない］等との相違が20％を超えていないことを証する書類の提出があった場合には価格調整措置は適用されません。

　本税制の適用に当たっては、企業が算定する予測収益等を用いた独立企業間価格が適切ではないと認められる場合に限定するなど、国外関連者との通常の無形資産取引

に過度な影響が及ぶことのないよう配慮しました。

3．外国子会社合算税制の見直し

・外国子会社合算税制の見直し　30・31ページ

　外国子会社合算税制については、平成29年度税制改正から始まり、今回のキャッシュボックス課税まで数年かけてじっくりと外堀内堀を埋めてきたなという感じがします。
　平成29年度改正前の制度では外国子会社の租税負担割合が20％以上であれば、実体がなくても課税されない一方、20％以下であれば実体があっても親会社の所得に合算されて課税されてしまう場合がある、という問題がありました。
　BEPSプロジェクトの「外国子会社の経済実態に即して課税すべき」という基本的な考え方に基づき、平成29年度改正後は外国子会社の所得の内容や事業の内容によって租税回避かどうかを判定する制度に改められました。
　基本的な仕組みは外国子会社が経済活動4基準のすべてを満たす場合で、租税負担割合が20％以上の場合は合算課税とならないということです。
　ただし、経済活動4基準のすべてを満たす場合であっても、租税負担割合が20％未満の場合は、受動的所得が合算されます。これは外国子会社の経済実態に即した課税をすべきという考え方によるといわれています。
　経済活動4基準のいずれかを満たさない場合で、租税負担割合が20％未満の場合は、すべての所得が会社単位で合算課税になります。
　この4基準のうち、実体基準と管理支配基準のいずれも満たさない場合を活動の実体がないペーパーカンパニーと位置付け、ペーパーカンパニーについては、特定外国関係会社に該当するものとして租税負担割合が20％以上の場合であっても、会社単位で合算課税の対象とすることとされています。
　このペーパーカンパニーであるかどうかの判定ですが、税務当局の当該職員は内国法人に対し、期間を定めて、その外国関係会社が実体基準又は管理支配基準を満たすことを明らかにする書類その他の資料の提示又は提出を求めることによって行います。この場合、それらの資料の提示又は提出がないときは、その外国関係会社は実体

基準又は管理支配基準を満たさないものと推定されます。

　ただし、租税負担割合が30％以上であるときは合算課税の対象とはなりません。

　ただ、ペーパーカンパニーから除外される外国関係会社を定めるなどアメの部分もそろえてきました。

1. ペーパーカンパニーの範囲から次の外国関係会社が除外されました。

　①持株会社である一定の外国関係会社

　　イ　子会社の株式等の保有を主たる事業とする外国関係会社で、その資産の額の95％以上が子会社株式や現金等資産で、その収入の95％以上が子会社からの配当や預金利子である会社をペーパーカンパニーから除くこととされました。

　　　子会社とは、外国関係会社と同一の国に所在し、その持ち分割合が25％以上等の要件を満たすものをいいます。

　　ロ　一定の要件に該当する特定子会社の株式等の保有を主たる事業とする外国関係会社で、イに規定する資産保有要件、収入要件のほか同一国に所在する一定の要件を満たす管理支配会社によって管理運営支配され、その管理支配会社の事業の遂行上欠くことのできない機能を果たすことの要件のすべてに該当するものをペーパーカンパニーから除くこととされました。

　②不動産保有に係る一定の外国関係会社

　　イ　その本店所在地国と同一国に所在する一定の不動産又は特定子会社の株式等の保有を主たる事業とする外国関係会社で、上記①のロの要件を満たすものをペーパーカンパニーから除くこととされました。

　　ロ　その本店所在地国と同一国に所在する管理支配会社が自ら使用するその同一国に所在する不動産の保有を主たる事業とする外国関係会社で、その管理支配会社によって管理運営支配され、その管理支配会社の事業の遂行上欠くことのできない機能を果たすことのほか、イに規定する資産保有要件、収入要件要件のすべてに該当するものをペーパーカンパニーから除くこととされました。

　③資源開発等プロジェクトに係る一定の外国関係会社

　①、②のほか、石油・天然ガス等の資源又は社会資本の開発又は整備等に関する事業の遂行上、欠くことのできない機能を果たす外国関係会社もペーパーカンパニーか

ら除くこととされました。
  2.　キャッシュボックスに次のいずれにも該当する外国関係会社を含めることとされました。
①当該事業年度における非関連者等からの一定の収入保険料の合計額の収入保険料の合計額に対する割合が10％未満である外国関係会社
②当該事業年度における収入保険料に係る非関連者等に対する一定の支払い再保険料の合計額の収入保険料の合計額に対する割合が50％未満である外国関係会社

ここで記載されている非関連者の意味合いですが、租特施行令39条の17の11項に「特定外国子会社等と当該特定外国子会社等に係る関連者との間の取引が非関連者を介在させて間接的に行われている場合には、その非関連者を介在させることについて相当の理由があると認められる場合を除いて、直接行われたものとみなす」という規定がありますので注意が必要です。

①の外国関係会社が受け取る非関連者からの一定の収入保険料とは、関連者以外の者から収入するものとして政令で定めるものと規定されており、政令では、その収入保険料が「再保険に係るものである場合には、関連者以外のものが有する資産又は関連者以外の者が負う損害賠償責任を保険の目的とする保険に係る収入保険料に限る」とされています。

したがって、外国関係会社等の関連者が有する資産を保険の目的としているような場合は事実上のキャッシュボックスと判定され、会社単位の合算課税の対象となります。

  3.　会社単位の合算課税制度における適用対象金額の算出。
【現地法令基準を用いる場合】
本店所在地国の法令の規定から連結納税及びパススルー規定を除いて計算した所得金額に非課税所得等の金額の調整を加えた金額とする。

  4.　適用免除基準における租税負担割合。
①所得金額
　　外国関係会社の本店所在地国の法令の規定から連結納税及びパススルー規定を除いて計算した所得金額に非課税所得等の金額の調整を加えた金額
②外国法人税の額

外国関係会社の本店所在地国の外国法人税に係る法令の規定から連結納税及びパススルー規定を除いて計算した所得金額について計算される外国法人税の額

[第3節] **医療**

1. 医療用機器の特別償却制度の延長

・医療用機器の特別償却制度の延長等①②　36～39ページ

　医師の勤務時間短縮や、地域医療提供体制の確保、高額医療機器の共同利用の推進など効率的な配置の促進といった観点から、医療用機器の特別償却制度の拡充・見直しを行ったうえで、提供期限を2年延長しました。

　高度な医療の提供の観点から対象機器の入替えを行い、CT、MRIについて共同利用ができるように地域における効率的な配置の仕組みを講ずる措置を導入したのです。

　これらの設備の更新をするときや新増設をするときは都道府県の確認を受けるものとされています。

　また、新たな措置として、医師等の働き方改革の推進、勤務時間短縮用設備として取得価額30万円以上の勤怠管理システムのソフトウェアや院内搬送用ロボットなどの器具備品を取得した場合に15％の特別償却をすることが認められました。

　さらに、地域医療構想調整会議において合意された「具体的対応方針」に基づく病床再編等に資するための建物やその付属設備等を取得した場合に8％の特別償却をすることが認められました。

　工事部分の範囲について都道府県の確認を受けたものに限ります。

[第4節] 消費課税

1. 消費課税

・主な改正施策　43ページ

　潜在成長率を引き上げ、人づくり革命、生産性革命（IoT）を成し遂げるための財源としても消費税の10％への引き上げが必要であるといわれています。
　この消費税10％への引き上げの緩和策として軽減税率が導入されました。

・軽減税率制度　44ページ
・軽減税率の分類　45・46ページ

　軽減税率の対象品目は①飲食料品の譲渡、②定期購読契約が締結された週2回以上発行される新聞の譲渡です。
　飲食料品とは食品表示法に規定する食品のことをいい、酒税法に規定する酒類を除きます。
　また外食は①飲食設備（テーブル、椅子、カウンター等）のある場所において②顧客に飲食させるサービスと定義され、軽減税率の対象からは除かれています。
　コンビニ等のイートインコーナーでの飲食については、店内に「イートインスペースで飲食する際は会計時にお申し出ください」との内容の掲示をすることとなりました。この結果、店側からの意思確認は原則不要となりました。
　一方、牛丼屋やハンバーガー店でのテイクアウト、おそばの出前やピザの宅配、テーブル椅子等の飲食設備のない屋台での軽食等は軽減税率が適用されます。

・区分記載請求書等保存方式　47ページ

　区分記載請求書等保存方式においては、事業者は税率ごとに区分経理を行う必要があります。
　さらに現行の請求書等保存方式における帳簿及び請求書等に必要とされる記載事項

に加え、次の事項を記載する必要があります（タックスアンサー№6102）。
1. 帳簿には「軽減税率の対象品目である旨」
2. 請求書等には「軽減税率の対象品目である旨」及び「税率ごとに合計した対価の額（税込み）」

事業者はこれらの事項が記載された帳簿及び請求書の保存が要件とされています。

これらの記載がない請求書の交付を受けた事業者は、取引の事実に基づき、受領した請求書に自ら上記事項を追記することができます。

次に免税事業者からの仕入れについても現行と同様、仕入税額控除を行うことができますが、これまでの請求書への記載事項に加え、
①軽減対象資産の譲渡等である旨
②税率ごとに区分して合計した課税資産の譲渡等の対価の額
の記載のある区分記載請求書等の保存が必要となります。

免税業者は課税事業者から「軽減対象資産の譲渡等である旨」等の記載のある区分記載請求書等の交付を求められることがあります。

これらの記載がない請求書の交付を受けた事業者は、同様に取引の事実に基づき、受領した請求書に自ら追記をすることができます。

・適格請求書等保存方式（インボイス制度）　48・49ページ

令和5（2023）年10月1日からは、適格請求書等の保存が仕入税額控除の要件となります。

適格請求書を発行することができるのは適格請求書発行事業者に限られ、適格請求書発行事業者になるためには税務署長に「適格請求書発行事業者の登録申請書」を提出して、登録を完了しなければなりません。

課税事業者でなければ登録を受けることはできません。

制度の概要については次のURLをご覧ください。
　　https://www.nta.go.jp/taxes/shiraberu/zeimokubetsu/shohi/
　　keigenzeiritsu/pdf/qa/02-01.pdf

個別的なQ&Aにつきましては次のURLをご覧ください。
　　https://www.nta.go.jp/taxes/shiraberu/zeimokubetsu/shohi/
　　keigenzeiritsu/pdf/qa/01-01.pdf

［第5節］ 個人所得課税

1. 住宅ローン減税の特例

・住宅ローン減税の特例①②　52～55ページ

　住宅ローン減税に関する具体的な税額控除額の計算過程を示しました。
　住宅ローン減税とは、住宅を取得等した際にその住宅取得等のための借入金があるときは、所得税額から、住宅借入金等特別控除額を差し引くことができる制度です。
　その住宅ローンに係る所得税額控除期間を10年から13年に延ばす措置が講じられました。対象となる住宅は令和元（2019）年10月1日以降、消費税10％で購入し、令和2（2020）年末までに引き渡される物件です。
　注文住宅は平成31年4月1日以降契約分から10％ですので、この住宅が減税対象です。
　消費税が2％上昇した分を、延長された3年間の税額控除で取り戻すことができるということです。
現　行：10年目までは住宅ローン年末残高の1％相当額を控除します。
改正後：11年目からはローン残高の1％の額と建物価額の2％を3等分した金額のどちらか少ない額を控除します。
　所得税額から控除しきれなかった金額は翌年の個人住民税から控除されます。

2. NISA制度の要件緩和

・NISA制度の要件緩和　60・61ページ

　NISAについても海外転勤等で居住者に該当しなくなった場合、NISA口座で保有している商品は課税口座に払い出されることになっていましたが、継続適用届出書を提出した場合は、引き続きNISA口座を利用できます。

3. ストックオプション税制の拡充

・ストックオプション税制の拡充　62・63ページ

　ストックオプションとは自分が勤務する会社等の株式をある一定の価額（権利行使価額といいます）で購入する権利をその会社から与えられ、株価がその価額（権利行使価額）を超えたときに、購入する権利を行使して権利行使価額で株式を取得し、その超えた価額で売却することにより、権利行使価額と実際価額との差額を利益として得ることができる仕組みです。

　例えば、1株100円で購入することができる権利、すなわちストックオプションを会社から付与され、その株の価額が1,700円になったときに購入することができる権利を行使して1株を100円で購入します。すると、1,600円の経済的利益を得ていることとなるため、この利益は給与所得として課税の対象となります（一定の要件を満たせば税制適格として課税の繰り延べとなります）。

　1株2,000円になったときにこの株式を売却すれば、1,900円の譲渡益が生じます。

　税制適格の場合は1,900円が譲渡所得として課税対象となります。

　税制非適格の場合は1,600円が給与として経済的利益の課税が行われていますので、2,000円－1,700円＝300円が譲渡所得課税の対象となります。

　このような制度はその会社の取締役や使用人等に限定されていましたが、新興企業が社外の人材にもあらかじめ決めた価額で株を購入できる権利、すなわちストックオプションを与え、税制上優遇する措置を講じました。中小企業等経営強化法の認定を受けた新事業分野開拓計画に従って活用する社外の人材にも適用対象の範囲を広げました。

　社外の専門家に対して高額の現金を支払う余裕がない新興企業が利用しやすい報酬制度ということができます。

　政府は中小企業等経営強化法案を閣議決定し、さらに詳細を決めることとしています。

4. 源泉徴収における源泉控除対象配偶者等の見直し

・源泉徴収における源泉控除対象配偶者等の見直し　64・65ページ

　給与等又は公的年金等の源泉徴収における源泉控除対象配偶者に係る控除は夫婦いずれか一方しか適用できないこととされました。
　確定申告についても同様です。
　令和2（2020）年1月1日以後に支払われる給与等又は公的年金等並びに令和2年分以後の確定申告に適用されます。

[第6節] 資産課税

1. 教育資金、結婚・子育て資金の一括贈与非課税措置の見直し

・教育資金の一括贈与非課税措置の見直し①②　72〜75ページ

①教育資金

　親など直系尊属から教育資金の贈与を受けた受贈者が、信託銀行や、銀行又は証券会社と「教育資金管理契約」を締結した場合、1,500万円までの金額は贈与税が非課税となる措置です。

　この非課税制度は、2019年3月末で廃止の予定でしたが、受贈者や教育資金の範囲に見直しが施されて、令和3（2021年）3月まで延長されることとなりました。

　対象は子や孫など0歳から29歳までで、23歳以上は習い事は対象外、30歳以上でも学生などは対象とされました。

・結婚・子育て資金の一括贈与非課税措置の見直し　76ページ

②結婚・子育て資金

　親など直系尊属から結婚・子育て資金の贈与を受けた受贈者が、信託銀行や、銀行又は証券会社と「結婚・子育て資金管理契約」を締結した場合、1,000万円までの金額は贈与税が非課税となる措置です。

　経済格差の固定化を防ぐため、受贈者の合計所得金額が1,000万円超の場合は非課税措置の対象外になりました。

2. 配偶者居住権とその評価方法

・民法改正に伴う配偶者居住権等の取り扱い①②③　81〜85ページ

　民法が改正され、配偶者居住権等が新設されました。これを受けて、相続税法上も配偶者居住権等の評価方法を新設しました。

3. 特別寄与料

・相続人以外の者の貢献を考慮した制度の新設(特別寄与料)①②　86~88ページ

　現行の民法では、相続人以外の者は、被相続人の介護に尽くしても、相続財産を取得することができません。

　例えば、亡き長男の妻が被相続人の介護をしていた場合、相続人たる長女や次男は被相続人の介護を全く行っていなかったとしても、相続財産を取得することができますが、長男の妻は、どんなに被相続人の介護に尽くしても、相続人ではないため、被相続人の死亡に際し、相続財産の分配にあずかることはできませんでした。

　この度の改正により、遺産分割自体は相続人だけで行うこととしながらも、亡き長男の妻には相続人に対して、自身が介護に尽くしたことの報酬として相続人に金銭の請求を認めることとしたものです。

4. 個人事業者の事業用資産に係る納税猶予制度の創設

・個人事業者の事業用資産に係る納税猶予制度の創設①②③④　91~97ページ

　個人事業者に相続が発生した場合、被相続人の事業の用に供されていた宅地等で建物等の敷地の用に供されていた土地を特定事業用宅地等として相続し、小規模宅地等の特例を適用すれば、敷地のうち400㎡までは80％の評価減の対象となります。

　この小規模宅地の特例が、個人事業者の事業承継制度としても使われていましたが、承継計画等が不要で、事業や資産保有の継続要件がなく、また事業用宅地の購入借入金の債務を事業用ではない資産と相殺することができるなどの債務控除の扱いや、事業承継者以外の者への税額軽減効果があるなど、法人の事業承継税制との間での公平性等の観点から問題視されてきたことに鑑み、新たに個人事業者の事業用資産に係る納税猶予制度が創設されました。

　個人事業者向けの事業承継税制は事業用の建物や宅地、機械を後継者に引き継ぐ際、相続税や贈与税の支払いを猶予します。事業用資産の相続や贈与による税負担を理由に、事業者が廃業することを防ぐ目的で創設されました。

「承継計画」を都道府県に提出し、引き継ぎ資産を保有して事業を継続していることを示す必要があります。事業計画の提出を義務付けることによって、事業承継を装い、贈与を受けた土地をすぐに売却するといった悪用を防止することができるようになります。
　また、対象となる減価償却資産は固定資産税及び営業用自動車税の対象となっているものに限ります。

相続税に関する猶予税額の免除
①全額免除されるケース
  1. 認定相続人が、その死亡のときまで、特定事業用資産を保有し、事業を継続した場合
  2. 認定相続人が一定の身体障害者等に該当した場合
  3. 認定相続人について破産手続き開始の決定があった場合
  4. 相続税の申告期限から5年経過後に、次の後継者に特定事業用資産を贈与し、その後継者がその特定事業用資産について贈与税の納税猶予制度の適用を受ける場合
②猶予税額の納付をしなければならないケース
　（1）認定相続人が、特定事業用資産に係る事業を廃止した場合等には、猶予税額の全額を納付する。
　（2）認定相続人が、特定事業用資産の譲渡等をした場合には、その譲渡等をした部分に対応する猶予税額を納付する。

贈与税に関する猶予税額の免除
①認定受贈者が平成31年1月1日から令和10（2028）年12月31日までの間に、贈与により特定事業用資産を取得し、事業を継続していく場合には、担保の提供を条件に、その認定受贈者が納付すべき贈与税額のうち、贈与により取得した特定事業用資産の課税価格に対応する贈与税の納税を猶予します。
②認定受贈者が贈与者の直系卑属である推定相続人以外の者であっても、その贈与者がその年1月1日において60歳以上である場合には相続時精算課税の適用を受けることができます。

③猶予税額の納付、免除等については、相続税の納税猶予制度と同様とされました。
④贈与者の死亡時には、特定事業用資産をその贈与者から相続により取得したものとみなし、贈与時の時価により他の相続財産と合算して相続税を計算します。その際、都道府県の認定を受けた場合には、相続税の納税猶予の適用を受けることができます。

[第7節] **相続法（民法）改正**

1. 配偶者短期居住権及び配偶者居住権の新設等

・配偶者短期居住権及び配偶者居住権の新設等①②③　102〜106ページ

　民法のうち相続法関連の規定が改正されました。
　民法改正についての解説です。

配偶者居住権
　配偶者が相続開始時に居住していた被相続人の所有建物を対象として、終身又は一定期間、配偶者にその使用又は収益を認めることを内容とする法定の権利が新設されました。
　遺産分割における選択肢の一つとして、配偶者に配偶者居住権を取得させることができるようになるとともに、被相続人が遺贈等によって配偶者に配偶者居住権を取得させることができるようになりました。

配偶者短期居住権
　ア　居住建物について配偶者を含む共同相続人間で遺産の分割をすべき場合の規律
　　　配偶者は、相続開始のときに被相続人所有の建物に無償で居住していた場合には、遺産分割によりその建物の帰属が確定するまでの間又は相続開始のときから6カ月を経過する日のいずれか遅い日までの間、引き続き無償でその建物を使用することができます。
　イ　遺贈などにより配偶者以外の第三者が居住建物の所有権を取得した場合や、配偶者が相続放棄をした場合などア以外の場合
　　　配偶者が相続開始のときに被相続人所有の建物に無償で居住していた場合には、居住建物の所有権を取得した者は、いつでもその配偶者に対し配偶者短期居住権の消滅の申入れをすることができますが、配偶者はその申入れを受けた日から6カ月を経過するまでの間、引き続き無償でその建物を使用することができる制度が創設されました。

両親との仲が悪く、そのどちらか、例えば父に相続が発生した場合、息子（又は娘）が、母親を自宅から追い出すというような事例が生ずる世の中になりました。
　また、被相続人父の愛人の子が登場し、その子が自分も実子と同様の相続権があると主張し、父の配偶者妻を自宅から追い出すというようなことも想定されます。
　そのような事情がなくても、現行の制度上は、相続人が妻及び子で遺産が自宅3,000万円、預貯金3,000万円、妻と子の相続分が１：１の場合、妻が自宅3,000万円を相続すると、預貯金は子が相続することとなり、妻は自宅を相続するものの、預貯金はすべて息子が相続していますので、生活費がなく生活が困窮することになります。
　妻が自宅の所有権ではなく、自宅の居住権を相続した場合は、このようなことがなくなります。
　自宅の3,000万円を居住権1,500万円と所有権の1,500万円に分割し、妻は配偶者居住権を取得して住み続け、息子は配偶者居住権という負担付の所有権を取得します。
　他の預貯金も1,500万円ずつ相続することにより、妻は居住し続けながら、生活費1,500万円も相続でき、円満な相続となります。
　その後母に相続が発生した場合、息子は自宅を相続することができます。
　このとき自宅資産に付随していた配偶者居住権という負担が消滅していますので、自宅の評価額がその分上がるというか、負担というマイナスが消滅するので元に戻るということが考えられます。
　上述のように愛人や愛人の子が登場して相続がもめた場合であっても、配偶者は最低6カ月の短期居住権を取得しますので、その間に遺産分割によって配偶者居住権を取得すれば、その後ずっと住み続けることができます。
　ただ、この配偶者居住権は当然取得できるものではなく、①遺産の分割によって配偶者居住権を取得するものとされたときと、②配偶者居住権が遺贈の目的とされたときですので、注意が必要です。

2. 遺産分割における配偶者の取り分（相続分）に関する見直し

・遺産分割における配偶者の取り分に関する見直し　107・108ページ

被相続人から生前に贈与を受けた者があるときは、相続開始のときに有している財産の価額にその贈与の分を加算したものを相続財産とみなして、法定相続割合により相続分を算定します。その相続分から生前に贈与を受けた部分を差し引いた残額がその者の相続分となります。

　しかしながら、夫婦の財産は夫婦二人で築いたものであるという考え方から、夫が妻に居住用の建物を贈与した場合はその贈与の額を相続財産に持ち戻しをしないという意思表示があったものと推定することとしました。

　持ち戻しとは、贈与等を行ったとしても、その贈与を原則として相続財産の先渡しを受けたものとして取り扱い、贈与を受けた財産を相続時に相続財産として戻し、相続税を計算することをいいます。

　配偶者は贈与を受けても、持ち戻すことにより新たに遺産分割がなされると贈与がなかったものとなってしまいます。

　この度の民法の改正で、被相続人の意思表示の推定規定を設けることにより、原則として相続財産の先渡しを受けたものとして取り扱う必要がなくなり、配偶者はより多くの財産を取得することができるようになりました。

　ただし、遺留分に関する規定に違反しない範囲内でのみ認められます。

　配偶者居住権と同様に老後の生活保障のための施策です。

3. 遺留分

・遺留分減殺請求権の効力及び法的性質の見直し　109・110ページ
・遺留分の算定方法の見直し①　遺留分を算定するための財産の価額　111ページ
・遺留分の算定方法の見直し②　遺産分割の対象となる財産がある場合
　　　　　　　　　　　　　　　　　　　　　　　　　　112・113ページ
・遺留分侵害額の算定における債務の取り扱いに関する見直し　114・115ページ
・遺留分制度の見直し（まとめ）　116・117ページ

　遺留分とは、非相続人の財産形成に貢献した遺族たる配偶者、子供、親など兄弟姉妹以外の相続人についてその潜在的持ち分の清算や生活保障を図るなどの観点から最低限の取り分を確保する制度です。

旧制度では、遺留分減殺請求権の行使によって事業用の不動産等や株式等につき共有状態が生じ、事業承継の支障となっているという指摘がありました。
　そこで、遺留分を侵害された者は、遺贈や贈与を受けた者に対し、遺留分侵害額に相当する金銭の請求をすることができるようになりました。
　これによって事業用財産の共有関係を防ぐことができ、無用のトラブルを避けることができます。
　もっとも、この金銭請求により請求された相続人は金銭を用意する必要があります。
　多額の金銭をすぐに用意できない場合に備えて、裁判所が相当の期限を許与することができるとしてその保護を図ることとしました。

　Yが権利を主張できる遺留分は図の計算のとおり1,800です（113ページ）。
　Yの取得した財産の内訳をみると、生前贈与で200受けており、さらに相続財産3,000のうち法定相続分として取得することができる財産1,500を取得しています。ただし相続債務を400負担していますので実際には正味1,300の財産を取得していることになります。
　ところがYが遺留分として相続する権利を主張できる財産の金額は1,800ですので、500を遺留分を侵害されているとして請求することができます。
　従来からこのように計算されてきていましたが、遺留分から遺留分権利者が取得すべき財産の価額を控除するということが明文上、規定されていませんでした。

4. 遺言

・自筆証書遺言の方式緩和　118ページ
・法務局における遺言書の保管等に関する法律の創設①②　119・120ページ
・遺言執行者の権限の明確化等①②　121・122ページ

　現行制度では遺言書の全文を自書する必要があり、財産目録も全文を自書することとされていましたが、相続争いを防ぐ意味で遺言書の作成を奨励する観点から、財産目録をパソコンで作成することが認められるようになりました。ただし、偽造を防ぐ意味から、財産目録のすべてのページに署名押印することが求められています。

金融資産のうち、預貯金については通帳のコピーを添付すればよいこととされました。

　ただし、遺言書の本文についてはこれまでどおり、手書きで作成する必要があります。

　自筆証書遺言を作成した場合は、法務局での保管を申請することができます。自宅等での保管に比べて、遺言書の紛失や隠ぺい、改ざん等の防止が可能となり、相続をめぐる紛争の防止につながることが期待されます。

[第8節] その他の税制

1. 自動車課税

・車体課税の見直し①自動車税　124ページ
・車体課税の見直し②自動車取得税　125ページ
・車体課税の見直し③自動車重量税　126・127ページ
・車体課税の見直し④自動車税のグリーン化特例　128・129ページ

　自動車関係税では令和元（2019）年10月1日以降に新車を購入した場合、「自動車税」が最大年4,500円の引き下げ、全体で1,300億円の減税規模です。
　購入時に課されていた「自動車取得税」（取得価額の3％、軽は2％）は、消費税の10％引き上げに伴い、令和元（2019）年9月末に廃止されます。また、購入時の「エコカー減税」の対象が4月から縮小されています。
　代わりに「環境性能割」税が導入され、その税率は自動車取得価額の0～3％ですが、消費増税時の10月から1年間に限って税率を0～2％と引き下げ、緩和措置を取りました。
　ユーザーの多い小型車、大衆車に対する引き下げを手厚くしました。
　保有に伴って毎年課されていた「自動車税」は、消費増税後に新たに購入した車を対象として年1,000円～4,500円引き下げる措置を取りました。1,000cc以下の車は4,500円も減税になりますが、軽自動車税年10,800円は据え置かれました。
　その一方で、一定の燃費性能を基準とする「グリーン化特例」は令和3（2021）年以降に対象車種の絞り込みが行われます。
　「自動車重量税」は令和元（2019）年5月から令和3（2021）年4月まで車検時の「エコカー減税」の優遇措置を縮小し、免税となる車種が電気自動車等に絞り込まれます。
　財政との関係では、地方財源のため、減税後の穴埋めをどうするかという問題がありますが、エコカー減税など優遇税制を絞り混みで500億円、環境性能割で250億円、国税から地方税への振り替え600億円で対応することとしました。
　ただし、大綱には自動車税の将来の見直しを明記しておりますので更なる見直しが考えられます。

2. 情報照会

・税務当局による情報照会の仕組みに関する整備　130・131ページ

　仮想通貨取引をはじめ、デジタルエコノミーにおける各種取引などで得た所得に対する課税逃れを防止すべく、税務当局から事業者等へ帳簿閲覧その他の協力を求めることができることが法令上明確化されました。

　今までも税務調査で必要があると認められたときは、税務当局は納税義務者本人のみならず、その取引先等に対しいわゆる反面調査として、質問検査することが認められていました。

　ところがデジタルエコノミーの世界ではすべて電子で取引が行われますので、そもそも納税義務者を把握すること自体に相当の困難を伴うことが予想されます。

　おそらくは納税義務者と想定される者の預金情報等から事業者を特定し、その事業者に対して接触し、協力要請をしたうえで、報告を求めるということになるのではないでしょうか。

　デジタルエコノミー等による所得の補足を想定した改正と考えられますが、従来型の経済取引にも活用されてくるのではないかと考えられます。

シェアリングエコノミー対策情報照会制度

　シェアリングエコノミーとは、乗り物や住居などの資産をインターネットを通じて個人間で貸借するビジネスで、匿名性が高く課税漏れが起きやすい取引です。

　このため、税務当局は利用者の名前や住所、マイナンバーなどの照会をできるように制度改正をしました。

　ただし、取引による年間所得が1,000万円以上のケースを対象とするということのようです。

　具体的には、仮想通貨取引に適用する場合は、仮想通貨交換業者に照会できるようになります。

　また、インターネット上のプラットフォームを通じて単発の仕事を依頼したり請け負ったりする働き方、いわゆるギグ・エコノミーについても同様であると考えられます（ギグとはライブハウスで演奏されるその場限りの即興演奏アドリブのこと）。

3. 証券

・番号が付された証券口座情報の効率的な利用に係る措置　132・133ページ

番号が付された証券口座情報の効率的な利用に係る措置　2020年4月1日から施行
　　1　証券会社等の口座管理機関は顧客情報を検索できるようにすること
　　2　振替機関は証券口座に係る顧客情報を検索できるようにすること
が定められました。

　マイナンバーは、もともとは所得の捕捉のために導入されたともいえるものです。
　いよいよ、検索という方法を通じて、当局による証券口座のマイナンバー管理が始まります。
　ことは証券口座にとどまらず、早晩預金口座にまで及んでくることが予想されます。
　これに加えて、海外金融口座自動情報交換制度も活用されています。
　CRS（共通報告基準）とは各国の税務当局が、居住者でない人が自国に持つ金融口座の残高や利子などの情報をお互いに自動交換する仕組みで現在参加表明国は100国に上ります。
　富裕層や多国籍企業がタックスヘイブンを使った税逃れに対応するべくOECDが2014年に策定した制度です。
　他国からの口座情報を自動的に入手することで、富裕層の資産の透明化や適正申告を促す効果が期待されています。
　国税庁は2014年に導入した「国外財産調書」の提出を国外財産5,000万円超の資産を保有する個人に義務付けています。この「国外財産調書」とCRSで得た口座情報の突合せを実施することにより所得の捕捉を確実に行うものと考えられます。

[参考文献]

- 『消費税の政治経済学』(石 弘光 著、2009年、日本経済新聞出版社)
- 『税制改革の渦中にあって』(石 弘光 著、2008年、岩波書店)
- 『歴代総理の経済政策力』(三橋貴明 著、2011年、イースト・プレス)
- 『戦後日本経済史』(野口悠紀雄 著、2008年、新潮社)
- 「日本の税制」財務省
- 「政府税制調査会議事録」内閣府
- 財務省ホームページ
- 経済産業省ホームページ
- その他各省庁ホームページ
- 各種新聞報道

≪平成31年度税制改正のポイント≫

資料編

1. 法人課税　　　　　　　　　3
2. 国際課税　　　　　　　　　23
3. 医療　　　　　　　　　　　33
4. 消費課税　　　　　　　　　41
5. 個人所得課税　　　　　　　51
6. 資産課税　　　　　　　　　71
7. 相続法（民法）改正　　　　101
8. その他の税制　　　　　　　123

【資料編】
平成31年度
税制改正の
ポイント

1. 法人課税

（1）研究開発税制の見直し①②③
（2）中小企業向け設備投資促進税制の改正
（3）中小企業防災・減災投資促進税制：手続き
（4）措置法上のみなし大企業の範囲の見直し
（5）事業承継ファンドから出資を受けた場合の
　　　特例の要件緩和
（6）組織再編税制における適格要件の見直し①②
（7）役員の業績連動給与に係る損金算入手続きの見直し
（8）地方法人課税の偏在是正措置
（9）仮想通貨に関する法人税の課税関係の整備

（１）研究開発税制の見直し①

増税 　減税

解説

【改正後の制度概要】　高水準型は試験研究費が高い水準の企業に対する控除率の割増し措置を創設して総額型に統合し廃止。

【総額型】自社での研究開発が中心

試験研究費の増減に応じた税額控除制度

税額控除率は試験研究費の額の増減に応じ6〜14%　※1

控除上限は法人税額の25%

研究開発を行う一定のベンチャー企業は法人税額の40%　※3

中小企業用　中小企業技術基盤強化税制

　中小企業者等の試験研究費に係る控除制度です。

税額控除率は試験研究費の額の増減に応じ12〜17%　※2

控除上限は法人税額の 25%　※3・※4

【特別試験研究費（オープンイノベーション型）】

大学、国の研究機関、民間企業等との共同研究・委託研究等をする場合の試験研究費を特別試験研究費といい、その特別試験研究費に係る税額控除制度

税額控除率：大学、国の研究機関等　　　30%

　　　　　　研究開発型ベンチャー企業　25%

　　　　　　民間企業（大企業）等　　　20%

控除税額：特別試験研究費の額×控除率

控除上限は法人税額の10%（一般試験研究費とは別枠）

※1　試験研究費の額が平均売上金額の10%を超える場合には、超える割合に応じて計算した率を加算（加算後上限14%）。
※2　試験研究費の額が平均売上金額の10%を超える場合には、超える割合に応じて計算した率を加算（加算後上限17%）。
※3　試験研究費の額が平均売上金額の10%を超える場合には、超える割合に応じて0～10%を加算。
※4　当期試験研究費が前3年平均試験研究費に対して8%超増加している場合には、10%を上乗せ。
（※3・※4は、いずれかの選択適用）

（１）研究開発税制の見直し②

増税　減税

解説

　特別試験研究費（オープンイノベーション型）の税額控除の対象が拡大されます。

1　対象となる特別試験研究費の額に、次の要件を満たす**企業間の委託研究に要する費用が加えられます。**
　①受託者の委託に基づき行う業務がその受託者において試験研究に該当するものであること。
　②委託に係る委任契約等において、その委託して行う試験研究の目的とする成果を、その委託に係る委任契約等に基づき委託法人が取得するものとされていること。
　③次のいずれかを満たすこと。
　　a.委託して行う試験研究が委託法人の基礎研究又は応用研究であること。
　　b.委託して行う試験研究が受託者の知的財産権等を利用するものであること。
　④委託に係る委任契約等において、その委託に係る試験研究が委託法人の工業化研究に該当するものでない旨又は受託者の知的財産権等を利用するものである旨その他一定の事項が定められていること。

2　研究開発型ベンチャー企業との共同研究及び研究開発型ベンチャー企業への委託研究に係る税額控除率が25％とされます。

※　研究開発型ベンチャー企業
　産業競争力強化法の新事業開拓事業者で、その発行する株式の全部又は一部が同法の認定ベンチャーファンドの組合財産であるものその他これに準ずるものをいう。

（1）研究開発税制の見直し③

増税　減税

解説

特別試験研究費（オープンイノベーション型）の一部控除率引き上げ・対象の拡大が行われます。

- 研究開発型ベンチャー企業との共同研究・委託研究を行う場合の控除率が引き上げられます。
- 民間企業等への委託研究についても、オープンイノベーション型の対象に追加されます。

● 改正前

区分	[対象となる相手先]	[控除率]
共同試験研究	特別研究機関等・大学等	30%
共同試験研究	その他の者（民間企業、民間研究所等）	20%
共同試験研究	技術研究組合	20%
委託試験研究	特別試験研究機関等・大学等	30%
委託試験研究	一定の中小企業者・公益法人等	20%
知的財産権の使用	中小企業者	20%

●改正後

区分	[対象となる相手先]	[控除率]
共同試験研究	特別研究機関等・大学等	30%
	研究開発型ベンチャー企業	**25%**
	その他の者（民間企業、民間研究所等）	20%
	技術研究組合	20%
委託試験研究	特別研究機関等・大学等	30%
	研究開発型ベンチャー企業※	**25%**
	一定の中小企業者・公益法人等	20%
	その他の者（民間企業等）※	20%
知的財産権の使用	中小企業者	20%

※基礎・応用研究又は知財利用を目的とした研究開発で一定のものに限る。単なる外注等を除く。

（2）中小企業向け設備投資促進税制の改正

増税　減税

改正のポイント

　下記の税制について、適用期限が2年間延長され、適用要件が下図のとおりに見直されます。

① 中小企業者等の法人税の軽減税率の特例

② 中小企業投資促進税制

③ 中小企業者等が特定経営力向上設備等を取得した場合の特別償却又は税額控除（以下、「中小企業経営強化税制」）

④ 特定中小企業者等が経営改善設備を取得した場合の特別償却又は税額控除（以下、「商業・サービス業等活性化税制」）

⑤ 地域経済牽引事業の促進区域内において特定事業用機械等を取得した場合の特別償却又は税額控除（地域未来投資促進税制）

⑥ 特定事業継続力強化設備等を取得し事業の用に供した場合の特別償却（新設：中小企業等経営強化法の改正を前提に）

解説

	② 中小企業投資促進税制	③ 中小企業経営強化税制	④ 商業・サービス業等活性化税制	【新税制】⑥中小企業防災・減災投資促進税制
対象業種	製造業、建設業他ほぼ全業種（ただし物品賃貸業、不動産業、映画以外の娯楽業、料亭、バー等、性風俗営業等は対象外）	指定事業 左右の対象業種すべて（娯楽業、風俗営業等は対象外）	商業・サービス業等（製造業、建設業、医療業、娯楽業、風俗営業等は対象外）	青色申告書を提出する中小企業者等（適用除外事業者に該当するものを除く）
対象資産	一定の「機械装置」「工具」「ソフトウェア」等（器具備品は対象外）	一定の「機械装置」「建物附属設備」「工具」「器具備品」「ソフトウェア」【働き方改革の実現を支援する立場から工場休憩室用エアコンなど対象設備の範囲を明確化】	一定の「器具備品」「建物附属設備」【投資計画について認定経営革新等支援機関等の一定の確認が必要に】※改正前は「指導及び助言」が要件	「機械装置」100万円以上 「器具備品」30万円以上 「建物附属設備」60万円以上
税制措置	特別償却30%又は税額控除7% ※	即時償却又は税額控除10%（資本金3,000万超の法人は7%）	特別償却30%又は税額控除7% ※	特別償却20%

税額控除額は合計で法人税額の20%を上限とし、1年間の繰越控除があります。
「※」の付されている項目については、資本金3,000万円超の法人は税額控除を適用できません。

(3) 中小企業防災・減災投資促進税制：手続き

[減税]

改正のポイント

新たに創設される中小企業防災・減災投資促進税制に係る手続きの流れは下図のとおりです。

解説

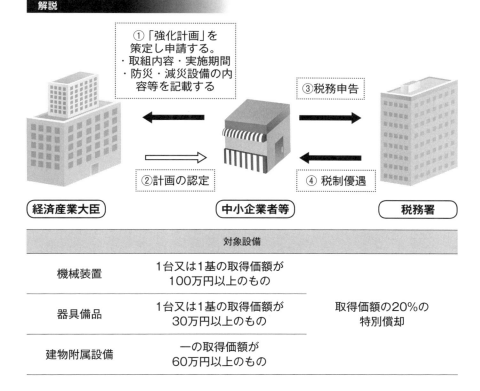

対象設備		
機械装置	1台又は1基の取得価額が100万円以上のもの	
器具備品	1台又は1基の取得価額が30万円以上のもの	取得価額の20％の特別償却
建物附属設備	一の取得価額が60万円以上のもの	

適用期限

中小企業等経営強化法の改正法の施行日～2021年3月31日までの間に事業供用したもの。

（4）措置法上のみなし大企業の範囲の見直し

増税

改正のポイント

措置法の中小企業税制について、孫会社を利用して特例適用対象とされていた会社について見直しが入ります。

解説

措置法のみなし大企業

- ●大規模法人（租特令27の4）とは
- ・資本金・出資金額1億円超の法人
- ・資本・出資を有しない法人で常時使用従業員数1,000人超の法人
- ●みなし大企業とは
  ① 同一の大規模法人に発行済株式（※）の1／2以上を直接に保有されている資本金1億円以下の法人
  ② 複数の大規模法人に発行済株式（※）の2／3以上を直接に保有されている資本金1億円以下の法人

  ≪次の法人を大規模法人に追加≫
  ① **大法人の100％子会社**
  ② **100％グループ内の複数の大法人に発行済株式又は出資の全部を保有されている法人**
- ●大法人とは
  資本金・出資金額が5億円以上法人
  相互会社、外国相互会社、受託法人

（※）発行済株式から自己株式を除くこととする

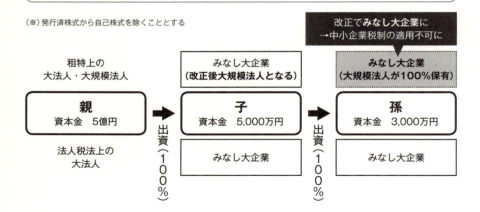

法人税法のみなし大企業

●大法人とは
・資本金・出資金5億円以上の法人
・相互会社、外国相互会社
・受託法人

●みなし大企業とは
①大法人に発行済株式の全部を直接・間接に保有されている資本金1億円以下の法人
②100%グループ内の複数の大法人に発行済株式の全部を直接・間接に保有されている資本金1億円以下の法人

(5) 事業承継ファンドから出資を受けた場合の特例の要件緩和
[減税]

改正のポイント

資本金1億円以下の法人が事業承継ファンドを通じて中小機構（中小企業基盤整備機構）から一定割合の出資を受けた場合でも、中小企業税制の適用を可能とする要件緩和が行われます。

解説

●改正前

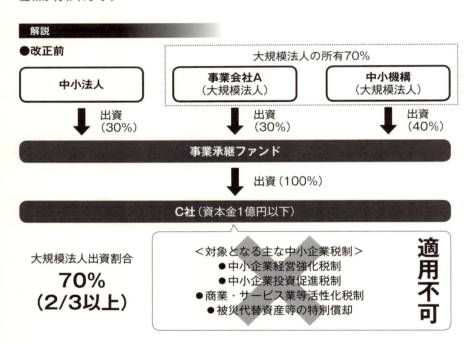

● 改正後

| 中小法人 | 事業会社A（大規模法人）
大規模法人の所有30% | 中小機構
大規模法人の所有株式等に含まないこととする |

出資（30％）　　出資（30％）　　出資（40％）

事業承継ファンド（一定の認定を受けたもの）

出資（100％）

C社（資本金1億円以下）

大規模法人出資割合
30％

＜対象となる主な中小企業税制＞
- 中小企業経営強化税制
- 中小企業投資促進税制
- 商業・サービス業等活性化税制
- 被災代替資産等の特別償却
- 特定事業継続力強化設備（新税制）

適用可能

（6）組織再編税制における適格要件の見直し①

改正のポイント

株式交換等の後に株式交換完全子法人を合併法人とする適格合併（いわゆる逆さ合併）が見込まれている場合の株式交換等の適格要件のうち継続要件が緩和されます。

解説

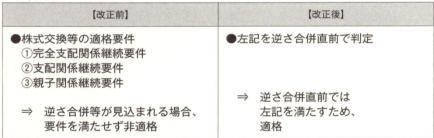

【改正前】	【改正後】
●株式交換等の適格要件 　①完全支配関係継続要件 　②支配関係継続要件 　③親子関係継続要件 　⇒　逆さ合併等が見込まれる場合、要件を満たせず非適格	●左記を逆さ合併直前で判定 　⇒　逆さ合併直前では左記を満たすため、適格

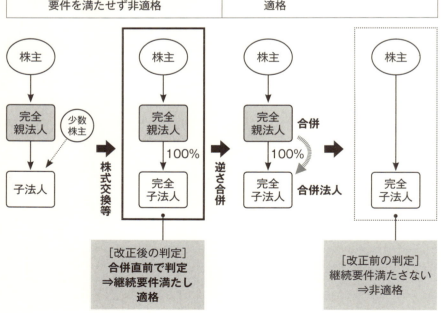

（6）組織再編税制における適格要件の見直し②

改正のポイント

合併等の適格要件等のうち対価に関する要件について合併法人等の発行済株式の全部を間接に保有する関係がある法人株式が加えられます。

解説

	【改正前】	【改正後】
●下記における対価要件 ・合併、分割及び株式交換に係る適格要件 ・株主における旧株の譲渡損益の繰延要件	・合併法人の株式又は合併法人の**直接**完全親法人の株式	●改正前に下記を追加 ・合併法人等の発行済み株式の全部を**間接**に保有する関係がある法人の株式

【三角合併を行う場合】

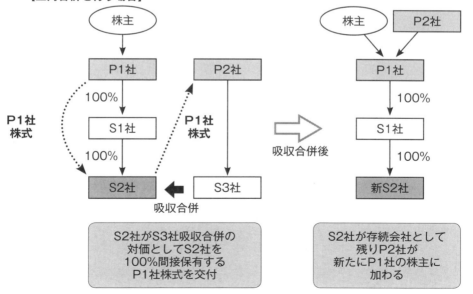

（7）役員の業績連動給与に係る損金算入手続きの見直し

改正のポイント

　法人の支給する役員給与における業績連動給与の手続きに係る要件について、要件の削除・追加等の見直しが行われます。

解説

改正対象手続き	事業年度開始の日の属する会計期間開始の日から3カ月を経過する日等までに、報酬委員会（注1）が決定していることその他これに準ずる適正な手続として一定の手続（注2）を経ていること	
改正箇所	【改正前】	【改正後】
（注1） 指名委員会等設置会社	①報酬委員会等による決定 ②業務執行役員が報酬委員会等の委員でないこと	①業務執行役員が報酬委員会の委員に就任することが可能 ②業務執行役員が自己の業績連動給与の決定決議に参加していないこと ③委員の過半数が独立社外役員であること ④委員たる全独立社外役員が賛成していること
（注2） ①監査役会設置会社 ②監査等委員会設置会社	①監査役の過半数の適正書面を得た上での取締役会決議による決定 ②監査等委員である取締役の過半数の賛成がある場合の取締役会議による決定	左記の①と②の取締役会決議を廃止 ①業務執行役員が委員に就任することが可能 ②委員の過半数が独立社外役員であること ③委員たる全独立社外役員が賛成していること

適用時期

○2019年4月1日以後に支給の決議をする給与について適用されます。

○2019年4月1日〜2020年3月31日の間に支給の決議をする給与については、現行手続による損金算入を認める経過措置が講じられます。

(8) 地方法人課税の偏在是正措置

改正のポイント

○ **地方創生を推進するとともに、**都市と地方が共に持続可能な形で発展していくため、地方法人課税における税源の偏在を是正する措置が講じられます。
○ 具体的には、法人事業税（地方税）の一部を分離して特別法人事業税（仮称・国税）を創設し、特別会計に払い込んだ上で、人口を基準として都道府県に対し特別法人事業譲与税（仮称）として譲与します。恒久的措置とされました。

解説

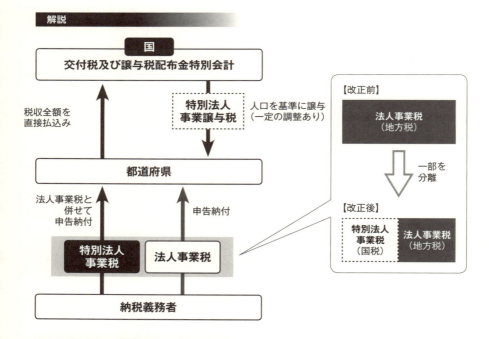

適用時期

2019年10月1日以後開始する事業年度から適用される。

（9）仮想通貨に関する法人税の課税関係の整備

改正のポイント

○仮想通貨とは電子的に記録された財産価値と定義されます。暗号資産と呼称が変わりました。
○仮想通貨について、会計上の取り扱いが定まったことを機に、法人税法上の取り扱いが定められました。
○仮想通貨とは　一号仮想通貨：不特定多数の者を相手として①決済手段として利用可能②売買可能
　　　　　　　　二号仮想通貨：一号仮想通貨と相互交換可能

解説

（1）期末評価

　　法人が事業年度末に保有する仮想通貨について、以下の区分に応じたそれぞれの方法により評価した金額を事業年度末における評価額とし、①については、評価損益を計上することとなります。
　　①活発な市場が存在する仮想通貨………時価法
　　②活発な市場が存在しない仮想通貨……原価法

（2）譲渡損益の計上時期

　　仮想通貨の譲渡をした場合の譲渡損益は、その譲渡に係る契約をした日の属する事業年度に計上することとします（約定日基準）。

（3）一単位当たりの帳簿価額の算出方法

　　仮想通貨の譲渡原価の額を計算する場合における一単位当たりの帳簿価額の算出方法は、移動平均法又は総平均法とします。法定算出方法は、移動平均法による原価法とします。

(4) 信用取引等について

　法人が事業年度末に有する未決済の仮想通貨の信用取引等は、事業年度末に決済したものとみなして計算した損益相当額を計上することとします。

(5) その他所要の措置が講じられます。個人課税については、平成30年11月に「仮想通貨に関する税務上の取り扱いについて（FAQ)が国税庁から公表されています。

適用時期

〇2019年4月1日以後に終了する事業年度分の法人税について適用されます。
〇同日前に開始し、かつ、同日以後に終了する事業年度については、会計上仮想通貨につき時価評価していない場合には、上記（1）及び（4）を適用しないことができる経過措置が講じられます。

【資料編】
平成31年度
税制改正の
ポイント

2. 国際課税

（1）過大支払利子税制の見直し
　　①税源浸食・利益移転
　　②改正の内容
（2）移転価格税制
　　①無形資産の明確化、DCF法の導入、更正期間延長
　　②特定無形資産取引に対する課税
（3）外国子会社合算税制の見直し

（１）過大支払利子税制の見直し
①税源侵食・利益移転

解説

　利子を用いたタックスプランニングは最も簡単な利益移転技術の一つと考えられており、利子を用いた税源浸食・利益移転が生ずる場合として、関連会社からの借入を用いて過大な利子を損金計上したり、下図のように企業グループ内の高課税国法人に第三者借入を集めるケースなどが存在していました。

　下図は、税率10％のA国に所在する国外関連者が利子10を支払って第三者から借入していた場合、タックスプランニングの上からは所得が▲10で税負担は1減少しますが、税率35％の日本本社が利子10を支払ってその第三者から借入し、A国の国外関連者には出資金等として資金を還流すればタックスプランニングの上からは所得が▲10で変わらないものの、納税額が3.5減少し、グループ全体での税負担が2.5軽減されます。この分が日本国にとっては税源浸食されたことになります。

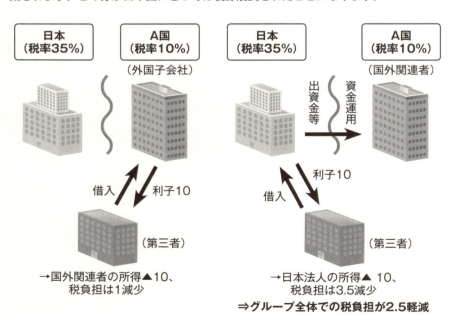

（1）過大支払利子税制の見直し
②改正の内容

改正のポイント

　対象となる利子等の範囲が第三者を含めた純支払利子等に拡張され、また調整所得金額の算定方法や損金不算入額の基準値の見直しが行われます。一方で、国内企業グループ全体で適用除外基準を判定するなどの変更も行われます。

解説

　過大支払利子税制とは、利子等を用いた国際的なタックスプランニング（税源侵食・利益移転）を防ぐため、一定の方法により計算した金額を超える利子等の金額を損金不算入とする制度です。BEPS（税源浸食・利益移転）リスクに的確に対応できるよう、BEPS最終報告書の勧告を踏まえて次のような見直しが行われます。

内容	【改正前】	【改正後】
対象となる利子等の範囲	○関連者純支払利子等のみ （受領者において日本の課税所得に含まれる利子等は対象外）	○純支払利子等（**第三者を含む**） （受領者において日本の課税所得に含まれる利子等は対象外）
調整所得金額の算定方法	○利子等・税・減価償却前所得 （国内外の受取配当等益金不算入額は加算し、控除所得税額等は減算する）	○利子等・税・減価償却前所得 （国内外の受取配当等益金不算入額は加算**せず**、控除所得税額等も減算し**ない**）
損金算入限度額（損金不算入額の基準値）	○調整所得金額の50%	○調整所得金額の**20%**
適用除外基準	○関連者純支払利子等の額が1,000万円以下 ○関連者への支払利子等の額が総支払利子等の額の50%以下	○純支払利子等の額が**2,000万円以下** ○**国内企業グループ（持株割合50%超）**の合算純支払利子等の額が合算調整所得金額の20%以下

適用時期

2020年4月1日以後開始する事業年度より適用となります。

（出典：税制調査会資料）

（2）移転価格税制
①無形資産の明確化、DCF法の導入、更正期間延長

改正のポイント

①移転価格税制の対象となる無形資産の明確化がなされます。

②独立企業間価格の算定方法の一つとしてディスカウント・キャッシュ・フロー法（DCF法）が追加されます。

③一定の評価困難な無形資産取引（特定無形資産取引）について価格調整措置が導入され、税務当局が更正等をすることができるようになります。

④移転価格税制に係る更正期間等が現行の6年から7年に延長されます。

解説

内容	【改正前】	【改正後】
移転価格税制の対象となる無形資産の定義	法令上明確化されていません	「有形資産及び金融資産以外の資産で、独立の事業者の間で通常の取引の条件に従って譲渡・貸付等が行われるとした場合に対価の支払が行われるべきもの」と定義が明確にされます
独立企業間価格の算定方法	①独立価格比準法 ②再販売価格基準法 ③原価基準法 ④取引単位営業利益法 ⑤取引単位利益分割法	①独立価格比準法 ②再販売価格基準法 ③原価基準法 ④取引単位営業利益法 ⑤取引単位利益分割法 ⑥**DCF法**
一定の評価困難な無形資産取引に係る価格調整措置	——	HTVIアプローチ（※）の導入
移転価格税制の更正期間及び更正の請求期間等	6年	7年
比較対象取引の利益率を参照する方法に係る差異調整方法の整備	定量的に把握できる場合に差異調整が可能	定量的に把握不可の場合に、**四分位法による差異調整**が可能となります

実務上の留意点

何が評価困難な特定無形資産にあたるのかの判断が重要となってきます。

当初の価格算定方法及び予測収益等を明確にしておく必要があります。

適用時期

2020年4月1日以後開始する事業年度分の法人税より適用となります。

（2）移転価格税制
②特定無形資産取引に対する課税

解説

【A社（日本）】

[特定無形資産とは]
① 独自性があり重要な価値を有するもの。
② 予測収益等の額を基礎として独立企業間価格を算定するもの。
③ 予測収益が不確実と認められるもの。

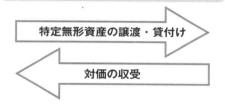
特定無形資産の譲渡・貸付け
対価の収受

国外関連者

独立企業間価格の算定の基礎となる予測と結果が相違した場合には税務当局は最適な価格算定方法により算定した金額で更正できるがその算定した金額と当初取引価格との相違が20％を超えていない場合にはこの限りではない。

※HTVIアプローチでは、

① 一定の評価困難な無形資産（Hard-To-Value Intangibles:HTVI）取引に関し、当初の価格算定に用いた予測と結果が乖離した場合、税務当局は価格が適切に算定されていなかったと推定し、事後の結果を勘案して価格を再評価することができるようになります。

② 当該アプローチは予測収益等の額を基礎として独立企業間価格を算定している場合に適用されることとなります。

③ ただし、予測収益等の額と実際収益等の額の乖離が5年を経過するまでの間に20％を超えていないことなどを証する書類を求められた場合に提出等することで価格調整措置の免除を受けることができます。

(3) 外国子会社合算税制の見直し

改正のポイント

　外国子会社合算税制について、ペーパー・カンパニーの範囲等について見直しが行われます。

解説

(1) ペーパー・カンパニーの範囲の見直し

　外国子会社合算税制上のペーパー・カンパニーの範囲から次の外国関係会社が除外されます。

- ・持株会社である一定の外国関係会社
- ・不動産保有に係る一定の外国関係会社
- ・資源開発等プロジェクトに係る一定の外国関係会社

(2) 保険業を行っている外国関係会社についての見直し

　保険業を行っている外国関係会社に関して以下の点について見直しが行われます。

①ペーパー・カンパニーの判定における保険委託者特例の見直し
②非関連者基準の判定の見直し
③部分合算課税制度における部分適用対象金額の見直し

(3) キャッシュ・ボックスの範囲の見直し

　外国子会社合算税制上の事実上のキャッシュ・ボックスの範囲に、次のいずれにも該当する外国関係会社が加わります。

　（イ）　非関連者等からの一定の収入保険料の合計額の収入保険料の合計額に対する割合が10％未満である外国関係会社

　（ロ）　非関連者等に対する一定の支払再保険料の合計額の収入保険料の合計額に

対する割合が50％未満である外国関係会社

(4) 会社単位の合算課税制度における適用対象金額
　　現地法令基準を用いて適用対象金額を計算する場合の基準所得金額は、外国子会社の本店所在地国の法人税法令の規定から連結納税及びパススルー規定を除いて計算した所得金額に非課税所得等の金額の調整を加えた金額とする。

(5) 適用免除基準における租税負担割合
　①所得金額
　　外国関係会社の本店所在地国の法令の規定から連結納税及びパススルー規定を除いて計算した所得金額に非課税所得等の金額の調整を加えた金額

　②外国法人税の額
　　外国関係会社の本店所在地国の外国法人税に係る法令の規定から連結納税及びパススルー規定を除いて計算した所得金額について計算される外国法人税の額とする。

適用時期

　(2)③及び(3)は、外国関係会社の2019年4月1日以後に開始する事業年度より適用となります。
　上記以外の見直し等は、内国法人の2019年4月1日以後に終了する事業年度の合算税制より適用となります。

【資料編】
平成31年度
税制改正の
ポイント

3. 医療

（1）社会医療法人等の認定要件の見直し
（2）医療用機器の特別償却制度の延長等①②

(1) 社会医療法人等の認定要件の見直し

減税

改正のポイント

　社会医療法人等の事業範囲を広げることで、地域において必要な医療・福祉を提供できる体制を整備し、将来積極的な障害福祉サービスへの取り組みを進めるため要件の見直しが行われます。平成30年度の税制改正でも社会医療法人の要件と特定医療法人の要件について見直しが行われており、2年続けての見直しとなります。

解説

　社会医療法人等の「社会保険診療等に係る収入金額の合計額が全収入金額の100分の80を超えること」の要件における社会保険診療等に係る収入金額の範囲に、障害者の日常生活及び社会生活を総合的に支援するための法律等の規定に基づく障害福祉サービス（※）に係る収入金額を加えることとなりました。

	【平成30年度税制改正】	【平成31年度税制改正】
社会医療法人	予防接種・介護保険給付費収入が追加	障害福祉サービスに係る収入金額が追加
特定医療法人	予防接種・助産・介護保険給付費収入が追加	
認定医療法人	―	

※障害者の日常生活及び社会生活を総合的に支援するための法律における障害福祉サービスとは、居宅介護、重度訪問介護、同行援護、行動援護、療養介護、生活介護、短期入所、重度障害者等包括支援、施設入所支援、自立訓練、就労移行支援、就労継続支援、就労定着支援、自立生活援助及び共同生活援助をいいます。

実務上の留意点

　社会医療法人制度、特定医療法人制度及び認定医療法人制度の終了時までこの要件が適用されますが、認定医療法人制度の認定行為は、2020年9月が期限となっています。

（２）医療用機器の特別償却制度の延長等①

改正のポイント

　高額な医療用機器の特別償却制度について仕組みの追加、対象機器の見直しを行った上で適用期限が2年延長されます。
　また勤務時間短縮用設備の特別償却制度、構想適合病院用建物等の特別償却制度が新設されます。

解説

　高額な医療用機器の特別償却制度
　病院用のCT及びMRIの配置効率化等を促すため新たな仕組みを講ずるとともに、特別償却の適用期限が2年延長されます。

	制度の内容
対象者	青色申告書を提出する法人若しくは個人で医療保健業を営むもの
対象機器	取得価額500万円以上の高額な医療用機器
特別償却額	取得価額の12%
適用期限	2021年3月31日まで（2年間延長）
特定の医療用機器に関する新たな仕組み	特定の医療用機器（病院用のCT及びMRI）について配置の効率化等を促すために次の仕組みを講じ、対象機器の見直しを行ったうえで、特別償却をすることができる期限を2年延長しました。 【更新時】　既存機器の有効利用率が一定以上であることにつき都道府県の確認を受ける 【新設時】　同様の機器を有しない他の医療機関との共同利用を行うことにつき都道府県の確認等を受ける 上記の確認等を受けない場合には、地域医療構想調整会議における協議により適当な配置であると認められたことにつき都道府県の確認を受ける。

（2）医療用機器の特別償却制度の延長等②

改正のポイント

〇勤務時間短縮用設備の特別償却制度

医療提供体制の確保のため、医師の勤務時間の短縮に資する設備を購入した場合等に特別償却を適用することができます。

	制度の内容
対象者	青色申告書を提出する法人若しくは個人で医療保健業を営むもの
対象資産	〇勤務時間短縮用設備とは、医療用機器を含む器具備品及びソフトウェアのうち、都道府県等の確認を受けた医師勤務時間短縮計画に基づき取得等をするものをいう。 〇2019年4月1日から2021年3月31日までの間に取得等をしたもの。 〇1台又は1基の取得価額等が30万円以上のもの。
特別償却額	取得価額の15%

○地域医療構想に向けた再編等の推進

地域医療構想の実現を促進するための措置として、医療法の構想に適合した病床再編等に資する建物等の取得、建設、改修等に対して特別償却を適用することができます。

	制度の内容
対象者	青色申告書を提出する法人若しくは個人で医療保健業を営むもの
対象資産	○構想適合病院用建物等（※） ○2019年4月1日から2021年3月31日までの間に取得等をしたもの
特別償却額	取得価額の8％

（※） 医療法の構想区域等内において取得等をする病院用又は診療所用の建物及びその附属設備のうち、下記要件のいずれかに該当するもので、都道府県の確認を受けたもの。

　イ　既存の病院用又は診療所用の建物及びその附属設備についてその用途を廃止し、これに代わるものとして新たに建設されるものであること。

　ロ　改修により既存の病院用又は診療所用の建物において一の病床の機能区分に応じた病床数が増加する場合のその改修によるものであること。

【資料編】
平成31年度
税制改正の
ポイント

4. 消費課税

（1）金地金等の密輸に対応するための
　　 消費税における仕入税額控除の見直し

（2）主な改正施策

（3）軽減税率制度

（4）軽減税率の分類

（5）区分記載請求書等保存方式

（6）適格請求書等保存方式（インボイス制度）

（7）経過措置

（１）金地金等の密輸に対応するための消費税における仕入税額控除の見直し

改正のポイント

金地金等の密輸に対して平成30年度税制改正により大幅な罰則強化が行われましたが、密輸の摘発件数は依然高止まりしている状況であるため、更なる対策として消費税における仕入税額控除の見直しが行われます。

解説

	【改正前】	【改正後】
①仕入税額控除の制限	密輸品であっても課税仕入れ等の事実を記載した**帳簿を保存**することにより仕入税額控除が可能	**密輸品と知りながら行った課税仕入れについては仕入税額控除が不可**
②仕入税額控除の要件強化		改正前の帳簿に加え、「**本人確認書類の写し**」の保存を要件に追加 ※本人確認書類 　個人：免許証、パスポート等 　法人：登記事項証明書等

適用時期

①については、2019年4月1日以後に国内において事業者が行う課税仕入れについて適用されます。

②については、2019年10月1日以後に国内において事業者が行う課税仕入れについて適用されます。

（2）主な改正施策

改正のポイント

○2019年10月1日から、消費税及び地方消費税の税率が8％から10％へ引き上げられます。
○軽減税率制度の実施、区分記載請求書等保存方式・適格請求書等保存方式（インボイス方式）が導入。
○なお、適用開始日以後に行われる資産の譲渡等のうち一定のものについては、改正前税率を適用することとするなどの経過措置が講じられます。

解説

増税に伴う変更点

	【改正前】	【改正後】
税率	・8％ （消費税率 6.3％ 　地方消費税率 1.7％）	・10％ （消費税率 7.8％ 　地方消費税率 2.2％） ・軽減税率8％ （消費税率 6.24％ 　地方消費税率 1.76％）
請求書等保存について	・請求書等保存方式	・2019年10月1日〜2023年9月30日 　……区分記載請求書等保存方式 ・2023年10月1日〜 　……適格請求書等保存方式 　（インボイス方式）
増税に伴う景気対策	―	・自動車税の減税 ・住宅ローン控除の控除期間延長 等

適用時期

2019年10月1日以後開始する事業年度より適用となります。

（3）軽減税率制度

解説

新税率の下では、2019年10月1日以後の取引は、10％の消費税率が適用されます。

一方、食品衛生法に規定する「飲食料品」や「定期購読契約がされた新聞」については、軽減税率として現行の8％の消費税率が適用されます。

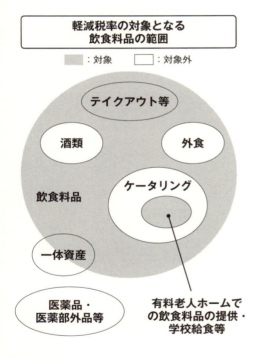

【各品目の詳細事項】

- 「一体資産」とはおもちゃ付きのおかしや紅茶とティーカップの詰め合わせ等をいい、「一体資産」の販売価格（税抜）が1万円以下のもので、その価格のうち食品に係る価格が2/3以上を占めているときに限り、その全体が軽減税率の対象となります。
- 酒税法に規定する「酒類」は軽減税率の対象となる「食品」から除かれているため、軽減税率の対象とはなりません。
- 医薬品、医療機器等の品質、有効性及び安全性の確保等に関する法律に規定する「医療品」「医薬部外品」及び「再生医療等製品」は食品衛生法上の「食品」から除かれており、軽減税率の対象とはなりません。

実務上の留意点

定期購読がされた新聞とは、一定の題号を用い、政治、経済、社会、文化等に関する一般社会的事実を掲載する新聞（1週に2回以上発行する新聞に限る）の定期購読契約のものをいいます。

（4）軽減税率の分類

解説

現行の消費税法では、飲食料品や雑貨、外食を行った場合でもすべての課税資産の譲渡等に8％の消費税率が課せられます。

しかし、2019年10月1日の消費税率増税に伴い、標準税率（10％）が適用される取引と軽減税率（8％）が適用される取引が明確に区分されるようになります。

内容	軽減税率（8％）となる課税資産の譲渡等	標準税率（10％）となる課税資産の譲渡等
飲食	・食品衛生法に規定する食品（酒税法に規定する酒類を除きます） ・ミネラルウォーター、氷、食用の生きた魚 ・ノンアルコールビール、甘酒、酒類を原料とした菓子 ・医薬品に該当しない栄養ドリンク	・酒税法に規定する酒類 　ビール、ウイスキー、みりん、料理酒、食用の原材料となるワイン ・水道水、ペットフード、果物の苗木、種子 ・医薬品等に該当する栄養ドリンク ・賞味期限切れの食品を廃棄するための譲渡
外食	・テーブル、椅子、カウンターなどが設置されていない場所での食事の提供 ・給食、有料老人ホームなどで行う飲食物の提供（高額な食事の提供を除きます） ・コンビニでの飲食料品の販売 ・野球場や映画館の売店での飲食料品の販売	・テーブル、椅子、カウンターなどのある場所での食事の提供 ・学生、社員食堂 ・コンビニのイートインコーナーで、返却が必要な食器に入った飲食物の提供 ・カラオケボックスでの飲食料品の提供
一体資産	・飲食料品の販売に際し使用される包装材料及び容器（ペットボトル、トレイなど）	・包装材料等の販売者が行う容器の販売
新聞	・定期購読契約が締結された週2回以上発行され、政治、経済、社会など一般的事実を掲載するもの	・コンビニで購入する新聞 ・インターネットを通じて配信する電子版の新聞

実務上の留意点

　2019年10月1日以降の取引は、販売業者は、販売した商品が軽減税率対象商品かどうか否かを明記しなければなりません。

（5）区分記載請求書等保存方式

解説

現行の仕入税額控除の要件である「請求書等保存方式」を維持しつつ、2019年10月1日から2023年9月30日までの4年間は軽減税率（8％）と標準税率（10％）を明確に区分する「区分記載請求書等保存方式」が新たな要件となります。

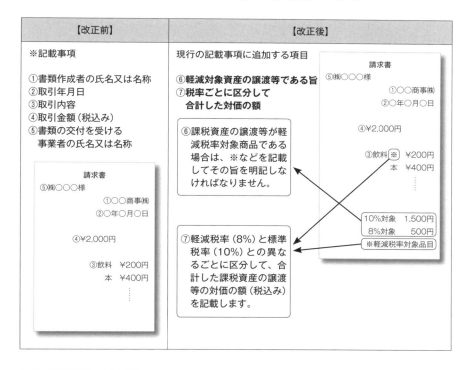

実務上の留意点

消費税等の申告を行う場合は、軽減税率（8％）と標準税率（10％）の複数税率になりますので、税率ごとの区分経理が必要になります。

（6）適格請求書等保存方式（インボイス制度）

解説

2023年10月1日以降の取引は、仕入税額控除の方式として「適格請求書等保存方式」（いわゆるインボイス制度）が導入されます。この方式の下では、適格請求書発行事業者が交付する「適格請求書」などの保存が仕入税額控除の要件となります。

記載事項	記載例	
①適格請求書発行事業者の氏名又は名称 **②登録番号** ③取引年月日 ④取引内容（軽減税率対象品目である場合は、その旨） ⑤税抜取引価額又は税込取引価額を税率ごとに合計した金額 **⑤⑤対する消費税額等及び適用税率** ⑦請求書受領者の氏名又は名称 適格請求書の様式等は、法令では定められてはおらず、一の書類のみにすべての記載事項を記す必要はありません。複数書類で記載事項を補完すれば書類全体で適格請求書としての要件を満たすことができます。	請求書 　　　　　　　　③○年○月○日 ⑦㈱○○○様 　　　　　　¥2,000円 　　　　　④飲料　※　¥200円 　　　　　　　本　　　¥400円 　　　　　　　　　　　： 　　　　　　　　　　　： 　　　　　　　　　⑥ ⑤10％対象　1,200円　(内消費税等 109円) 　　8％対象　 800円　(内消費税等　59円) 　　　　　　　※軽減税率対象品目 　　　　　　　　① 　　　　　㈱×××②T×××	⑥当該消費税等は、請求書単位で計算した金額です。計算において生じた端数は、切上げ、切捨て、四捨五入の方法により、事業者の任意の選択により処理を行うことができます。ただし商品ごとの端数処理は認められません。 なお「適格簡易請求書」の場合は、消費税額等又は適用税率のいずれかの記載を要件とします。
	②発行者が適格請求書発行事業者である旨を証する登録番号となります。実際には法人はT＋法人番号、個人はT＋13桁の数字になります。 なお、免税事業者の場合には、この番号の記載はありません。	

実務上の留意点

　適格請求書を交付できるのは、事前に税務署へ登録申請書を提出した課税事業者でなければなりません。
　なお、免税事業者からの仕入税額控除は、経過措置により2029年9月30日まで一定割合が控除できます。

（7）経過措置

解説

消費税増税後の2019年10月1日以後に行われる取引であっても、次に掲げるものについては改正前の税率（8%）が適用される経過措置が講じられています。

○主な経過措置の内容

1. 旅客運賃等

2014年4月1日から2019年9月30日までの間に領収しているもののうち、2019年10月1日以降に行う飛行機・電車の対価や美術館の入場料等

2. 請負工事等

2013年10月1日から2019年3月31日までの間に締結した工事に係る請負契約に基づき、2019年10月1日以後に行われる取引

3. 資産の貸付け

2013年10月1日から2019年3月31日までの間に締結した資産の貸付けに係る契約に基づき、2019年10月1日前から同日以後引き続き貸付けを行っている場合における、2019年10月1日以後に行う当該資産の貸付け

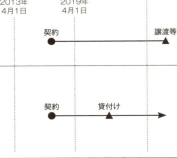

4. その他

- ・電気料金等
- ・予約販売に係る書籍等
- ・通信販売
- ・特定家庭用機器再商品化法に規定する再商品化等
- ・指定役務の提供
- ・特定新聞
- ・有料老人ホーム

左記に掲げる取引についても同様に、一定の要件を満たした場合においては改正前の税率（8%）が適用されます。

出典：国税庁消費税室「平成31年（2019年）10月1日以後に行われる資産の譲渡等に適用される消費税率等に関する経過措置の取扱いQ&A【基本的な考え方編】」

【資料編】
平成31年度
税制改正の
ポイント

5. 個人所得課税

(1) 住宅ローン減税の特例①②
(2) ふるさと納税制度の見直し
(3) 森林環境税（仮称）及び森林環境譲与税（仮称）の創設
(4) NISA制度の要件緩和
(5) ストックオプション税制の拡充
(6) 源泉徴収における源泉控除対象配偶者等の見直し
(7) 所有者不明土地に係る
　　譲渡所得等の特別控除の拡充①②
(8) 空き家に係る譲渡所得の特別控除の拡充・延長
(9) 所得税の確定申告書の記載事項の見直し

（１）住宅ローン減税の特例①

減税

改正のポイント

○2019年10月1日以降消費税10％で取得し、2020年末までに居住の用に供した住宅（注文住宅は2019年4月1日以降契約分から10％）は住宅ローン控除の控除期間が3年延長され13年間になります（1年目から10年目までは現行の制度が適用され、11年目以降の3年間について、消費税率2％引き上げ分の負担に着目した控除額が設定されます）。

○延長3年の各年分の特別控除額から当該年分の所得税額を控除した残額があるものは翌年度分の個人住民税において一定の計算のもとに、最高13.65万円を控除限度額としてその範囲内で減額する措置が講じられます。
地方財政上、この個人住民税の減収額は全額国費で負担されます。

解説

住宅に対する増税前の駆け込み需要と増税後の反動需要減少を避けて需要変動を平準化するため、消費税率10％が適用される2020年末までの間に居住の用に供した住宅取得等について、住宅ローンの控除期間を3年延長し13年間とする措置が講じられました。これによって2％の増税分を3年間の延長控除で取り戻すことができます。

＜改正のイメージ＞

1～10年目 現行どおり	11～13年目 特例	建物の消費税引き上げ分の 負担に着目した 控除額の上限を設定

［一般住宅］
住宅借入金等の年末残高×1％
（4,000万円が限度）

［認定住宅］
住宅借入金等の年末残高×1％
（5,000万円が限度）

3年延長

【特別控除の特例】
以下の①又は②の
いずれか少ない方
①住宅借入金等の年末残高×1％
②**住宅取得価額（税抜）×2％÷3**

消費税引き上げ分の
負担（2％）を3年間で軽減

（１）住宅ローン減税の特例②

[減税]

解説

特例の概要

○対象者

　【現行】　住宅ローン等を利用して、マイホームの取得をし、2021年12月31日までに自己の居住の用に供した個人

　【特例】　**住宅の取得（消費税10％に限る）等をし、2019年10月1日から2020年12月31日までの間に居住した個人**

○住宅の種類に応じた限度額

	A：住宅取得価額（税抜）※1	B：住宅借入金等の年末残高	【現行】1～10年の控除額	【特例】延長3年の控除額
一般住宅	4,000万円を限度	4,000万円を限度	住宅借入金等の年末残高×1％	いずれか少ない方 ①住宅借入金等の年末残高×1％ ②住宅取得価額（税抜）×2％÷3
認定住宅※2	5,000万円を限度	5,000万円を限度	住宅借入金等の年末残高×1％	
東日本大震災の被災者等に係る再建住宅	5,000万円を限度	5,000万円を限度	住宅借入金等の年末残高×1.2％	いずれか少ない方 ①住宅借入金等の年末残高×1.2％ ②住宅取得価額（税抜）

※1　住宅の取得等の対価の額又は費用の額－当該住宅の取得等の対価の額又は費用の額に含まれる消費税額等

※2　認定長期優良住宅（長期優良住宅の普及の促進に関する法律に規定する認定長期優良住宅に該当する家屋）又は、認定低炭素住宅（都市の低炭素化の促進に関する法律に規定する低炭素建築物に該当する家屋又は同法の規定により低炭素建築物とみなされる特定建築物に該当する家屋）

実務上の留意点

　取得する住宅はその対価の額又は費用の額に含まれる消費税等の税率が10％である場合の住宅に限ります。
　消費税の経過措置により8％で購入した住宅や非課税の中古住宅に関しては特例の適用はありません。

（２）ふるさと納税制度の見直し

改正のポイント

　地方創生の推進に鑑み、ふるさと納税制度の健全な発展に向けて**全国各地の地域活性化につなげるため**、過度な返礼品を送付して制度の趣旨をゆがめている地方公共団体についてはふるさと納税の対象外となります。

解説

【ふるさと納税の対象となる寄付金】
　総務大臣が指定した都道府県等に対する寄付金がふるさと納税（特例控除）の対象となります。
（指定対象となる都道府県等の基準）

基準①	寄付金の募集を適正に実施した都道府県等
基準②	返礼品を送付する場合には以下のいずれも満たす都道府県等 （イ）返礼品の返礼割合を3割以下とすること （ロ）返礼品を地場産品とすること

【改正の経緯】
　ふるさと納税制度は、地域資源を最大限活用し、地域経済を再生していく上で重要な役割を果たす制度となります。
　しかし、一部の団体において過度な返礼品や地場産品とは無関係な返礼品が送付されているため、今回対象が指定されることとなりました。

[参考] 返礼品の送付状況（平成30年11月1日時点（総務省））
「返礼割合実質3割超」返礼品を送付している団体数　　**25団体**　（全体の1.4％）
「地場産品以外」返礼品を送付している団体数　　**73団体**　（全体の4.1％）

適用時期

2019年6月1日以後に支出された寄付金について適用されます。

（３）森林環境税（仮称）及び森林環境譲与税（仮称）の創設
増税

改正のポイント

　パリ協定の枠組みの下におけるわが国の温室効果ガス排出削減目標の達成や災害防止等を図るため、また森林整備等に必要な地方財源を安定的に確保する観点から、森林関連法令の見直しを踏まえ、森林環境税（仮称）及び森林環境譲与税（仮称）が創設されます。

解説

〇森林環境税（仮称）

概要	国内に住所を有する個人に対して課する国税
税率	年額1,000円
賦課徴収	賦課徴収は市町村において個人住民税とあわせて行います。市町村は納付された額を都道府県を経由して国に払い込みます。

〇森林環境譲与税（仮称）

概要	森林環境税（仮称）の収入額に相当する額を、市町村及び都道府県に対して譲与します。
譲与基準	市町村に対し、総額の９割に相当する額を私有林人工林面積（5/10）、林業就業者数（2/10）、人工（3/10）で按分して譲与します。 総額の１割に相当する額は、都道府県に対し市町村と同様の基準で按分して譲与されます。

○創設時の経過措置

2019年度から2023年度までの間における森林環境譲与税(仮称)は、交付税及び譲与税配付金特別会計における借入金をもって充てることなります。

> 適用時期

森林環境税(仮称)は、2024年度から課税されます。森林環境譲与税(仮称)は、2019年度から譲与されます。

（4）NISA制度の要件緩和

[減税]

改正のポイント

家計の安定的な資産形成を継続的に後押しする観点から、NISA制度の更なる普及・利用促進を図ります。

解説

非課税口座内の少額上場株式等に係る配当所得及び譲渡所得等の非課税措置（NISA）について次の措置が講じられます。

	【改正前】	【改正後】
一時的に出国した場合	NISA口座を保有する者が、海外転勤等により一時的な出国により居住者等に該当しないこととなる場合、既にNISA口座で保有している商品は課税口座に払い出される。 帰国後においても、一旦課税口座に払い出された商品は、NISA口座に戻す（移管する）ことはできない。	NISA口座を保有する者が、**海外転勤等により一時的な出国により居住者等に該当しないこととなる場合**であっても、一定の事項を記載した継続適用届出書を提出した場合には、その者を居住者に該当するものとみなし、**引き続きNISA口座を利用できるようにする。** ※居住者等に該当する者とみなす期間は、出国時から次のいずれか早い日までの期間とする。 ・一定の事項を記載した帰国届出書を提出した日 ・継続適用届出書を提出した日から起算して5年を経過する日の属する年の12月31日
年齢要件	NISA口座を開設できる年齢要件をその年1月1日において**20歳以上**とする。 ※ジュニアNISAについては、**20歳未満**とする。	NISA口座を開設できる年齢要件をその年1月1日において**18歳以上**とする。 ※ジュニアNISAについては、**18歳未満**とする。
その他	非課税口座に**その年の翌年以後**に設けられる勘定を変更しようとする場合には、非課税口座異動届出書を提出をしなければならない。	非課税口座に**その年**に設けられている勘定を変更しようとする場合には、非課税口座異動届出書を提出することができる。 ただし、提出日前に既に上場株式等の受入れをしている場合を除く。

適用時期

上記の年齢要件の改正については、2023年1月1日以後に設けられる口座について適用されます。

（5）ストックオプション税制の拡充

改正のポイント

特定の取締役等が受ける新株予約権等の行使による株式の取得に係る経済的利益の非課税等（ストックオプション）について適用対象者の範囲が拡充されます。

解説

ストックオプション税制とは、一定の要件の下で権利行使時の課税が繰り延べられ、株式売却時に売却価額と権利行使価額との差額に対して譲渡所得として課税される制度であるが、その適用対象者の範囲に「特定事業者」が加えられます。

	【改正前】	【改正後】
適用対象者	①自社の取締役、執行役又は使用人 ②発行株式総数の50％超を直接又は間接に保有する法人の取締役、執行役又は使用人 ③上記①又は②の相続人	①同左 ②同左 ③同左 ④**特定事業者（追加）※1**
具体例	取締役、執行役、使用人	○取締役、執行役、使用人 ○**ベンチャー企業の成長に貢献する業務を担うプログラマー・エンジニア・医師・弁護士等の一定の要件を満たす外部協力者**

※1 特定事業者とは、中小企業等経営強化法に規定する認定新規中小企業者等（仮称）が同法の認定を受けた同法に規定する新事業分野開拓計画（仮称）に従って活用する取締役及び使用人等以外の者（当該新事業分野開拓計画（仮称）の実施期間の開始の日から新株予約権の行使までの間、居住者であること等の要件を満たす者に限る）をいいます。

実務上の留意点

①特定事業者の相続人は、本特例が適用されません。

②特定事業者が本特例の適用を受けて取得をした株式の譲渡等をするまでに国外転出をする場合には、当該国外転出のときに、当該株式に係る新株予約権の行使の日における当該株式の価額に相当する金額により当該株式の譲渡があったものとみなして、所得税を課することとされます。

（6）源泉徴収における源泉控除対象配偶者等の見直し

増税

改正のポイント

個人所得税における諸控除の見直しの一環として次の措置が講じられました。

① 給与等又は公的年金等の源泉徴収における源泉控除対象配偶者に係る控除の適用においては、夫婦のいずれか一方しか適用できないことになります。

② 居住者の配偶者が、公的年金等の源泉徴収において源泉控除対象者に係る控除の適用を受け、かつ、公的年金等に係る確定申告不要制度の適用を受ける場合等には、その居住者は、確定申告において配偶者特別控除の適用ができないこととなります。

解説

【源泉徴収段階】

	【改正前】	【改正後】
給与所得者（夫）	配偶者に係る控除の適用可 ※1	**夫婦のどちらか一方のみ**配偶者に係る控除の適用可
	2重で控除	
年金所得者（妻）	配偶者に係る控除の適用可 ※1	

互いに源泉控除対象配偶者に該当

※1　夫婦双方が給与所得者や事業所得者である場合は、確定申告や年末調整で配偶者に係る控除は夫婦のいずれか一方のみ適用されます。

【年末調整・確定申告段階】

	【改正前】	【改正後】
給与所得者 （夫） （確定申告）	確定申告時に配偶者特別控除適用可 2重で控除	確定申告時に配偶者特別控除**適用不可**
年金所得者 （妻）	申告不適用を選択 （夫を源泉控除対象配偶者として源泉徴収）	申告不適用を選択 （夫を源泉控除対象配偶者として源泉徴収）

適用時期

2020年1月1日以後に支払われる給与等及び公的年金等並びに2020年分以後の所得税に適用されます。

（7）所有者不明土地に係る譲渡所得等の特別控除の拡充①

[減税]

改正のポイント

○ 所有者不明土地の利用の円滑化等に関する特別措置法に規定する土地収用法の特例により収用があった場合には、収用交換等の場合の譲渡所得の5,000万円特別控除が適用されます（法人税も同様とする）。
○ 地域創生と国土強靱化の観点からの措置です。

解説

＜所有者不明土地とは＞
　相当な努力が払われたと認められるものとして政令で定める方法により探索を行ってもなおその所有者の全部又は一部を確知することができない一筆の土地をいう。

＜収用交換等の場合の譲渡所得等の特別控除＞

	内容
概要	収用等により資産を譲渡した場合において、一定の要件を満たすときは、その資産の譲渡所得等から5,000万円が控除されます。
適用要件	・収用交換等による譲渡であること。 ・譲渡した資産は棚卸資産でないこと。 ・その年中の収用交換等により譲渡した資産のいずれについても、収用等に伴い代替資産を取得した場合の課税の特例及び交換処分等に伴い資産を取得した場合の課税の特例の適用を受けないこと。 ・最初に買取り等の申出があった日から6カ月を経過した日までに譲渡したこと。 ・同一の事業において2以上の譲渡があり、その譲渡が年をまたがって2回以上に分けて行われた場合には、最初の年に譲渡をした資産に限られること。 ・収用交換等により譲渡した者は、事業施行者等から最初に買取り等の申出を受けた者であること。

適用時期

2019年6月1日以後に行う譲渡について適用されます。

(7) 所有者不明土地に係る譲渡所得等の特別控除の拡充②

減税

解説

所有者不明土地の利用の円滑化等に関する特別措置法について（参考）

＜背景＞

　人口減少・高齢化に伴う土地利用ニーズの低下、都市等への人口移動を背景とした土地の所有意識の希薄化等により、所有者不明土地が増加している。公共事業の推進等の様々な場面において、所有者特定等にコストを要するため、円滑な事業実施への支障となっている。

＜法律の概要＞

	概要
所有者不明土地の円滑利用	① 公共事業における収用手続の合理化・円滑化 　○国、都道府県知事が事業認定した事業について、収用委員会に代わり都道府県知事が裁定することで、収用委員会による審理手続を省略、権利取得裁決・明渡裁決を一本化する ② 地域福利増進事業の創設 　○都道府県知事が公益性等を確認、一定期間の公告を行う 　○市区町村長の意見を聴いた上で、都道府県知事が利用権（上限10年間）を設定 　（所有者が明渡しを求めた場合には、期間終了後に原状回復、異議が無い場合は延長可能）
所有者の探索	① 土地等権利者関連情報の利用及び提供 　所有者探索のために必要な公的情報（固定資産課税台帳、地籍調査票等）を、行政が利用可能になることで情報アクセスを拡大する ② 長期相続登記等未了土地に係る不動産登記法の特例 　長期間、相続登記等がされていない土地である旨等を登記簿に記録し、その所有権の登記名義人の相続人に対して必要な登記手続の勧告ができる
所有者不明土地の管理	① 財産管理制度に係る民法の特例 　地方公共団体の長等が家庭裁判所に対し財産管理人の選任等を請求可能にし、適切な管理に寄与

（8）空き家に係る譲渡所得の特別控除の拡充・延長

[減税]

改正のポイント

空き家の発生を抑制するため、相続により生じた空き家の譲渡に係る特別控除の特例措置が拡充・延長されます。

解説

＜空き家に係る譲渡所得の特別控除の特例＞

	内容
概要	相続時から3年を経過する日の属する年の12月31日までに被相続人の居住の用に供していた家屋を相続した相続人が当該家屋（耐震性のない場合は耐震リフォームをしたものに限り、その敷地を含む）又は除却後の土地を譲渡した場合には、当該家屋又は除却後の土地の譲渡益から3,000万円を控除することができます。
拡充・延長	老人ホーム等に入所したことにより被相続人の居住の用に供されなくなった家屋及びその家屋の敷地の用に供されていた土地等は、次に掲げる要件その他一定の要件を満たす場合に限り、相続開始直前において被相続人の居住の用に供されていたものとして特例が適用され、さらにその適用期限が4年延長されます。 ①被相続人が介護保険法に規定する要介護認定等を受け、相続開始直前まで老人ホーム等に入所していたこと。 ②被相続人が老人ホーム等に入所したときから相続開始直前まで、その家屋について、その者による一定の使用がなされ、かつ、事業、貸付けの用又はその者以外の者の居住の用に供されていたことがないこと。

適用時期

2019年4月1日以後に行う被相続人居住用家屋又は被相続人居住用家屋の敷地等の譲渡について適用されます。

（9）所得税の確定申告書の記載事項の見直し

改正のポイント

所得税の「確定申告書」の記載事項が簡素化されます。

解説

項目	改正内容	適用時期
確定申告書の記載事項簡素化	年末調整を受けた所得控除額に異動がない場合は、その合計額のみ記載とすることができます。	2019年4月1日以後に提出する2019年分以後の確定申告書より適用されます。

【資料編】
平成31年度
税制改正の
ポイント

6. 資産課税

(1) 教育資金の一括贈与非課税措置の見直し①②
(2) 結婚・子育て資金の一括贈与非課税措置の見直し
(3) 相続時精算課税制度の申告手続きの簡略化
(4) 民法改正に伴う年齢要件の見直し
(5) 民法改正に伴う配偶者居住権等の取り扱い①②③
(6) 相続人以外の者の貢献を考慮した制度の
　　新設（特別寄与料）①②
(7) 土地の所有権移転登記に係る登録免許税の特例措置の延長
(8) 個人事業者の事業用資産に係る納税猶予制度の創設①②③④
(9) 事業承継税制の適用に係る手続等の見直し

（１）教育資金の一括贈与非課税措置の見直し①

増税 　減税

改正のポイント

○適用期限が２年延長されます。
○非課税贈与金額は1,500万円で従前のとおりですが、受贈者に対して所得要件が課されます。
○23歳以上の者の教育資金の範囲が限定されます。
○**新規契約数の伸び悩みや経済格差が教育格差を生んでいるなどの現状に鑑みて、所得要件が追加されました。**

解説

＜制度の概要＞

	【改正前】	【改正後】
適用期限	2019年3月31日まで	**2021年3月31日まで**
受贈者	0歳以上30歳未満の者（子や孫）	0歳以上30歳未満の者（子や孫） 信託等をする日の属する年の前年の**受贈者の合計所得金額が1,000万円を超える場合には、本措置の適用を受けることができない**（適用時期※１）。
教育資金の範囲	1,500万円まで、年齢に関係なく使途の範囲が一律に設定されていた。	教育資金の範囲から、**学校等以外の者に支払われる金銭**で受贈者が**23歳に達した日の翌日以後**に支払われるもののうち、教育に関する役務提供の対価、スポーツ・文化芸術に関する活動等に係る指導の対価、これらの役務提供又は指導に係る物品の購入費及び施設の利用料を除外する。ただし、教育訓練給付金の支給対象となる教育訓練を受講するための費用は除外しない（適用時期※２）。1,500万円はそのまま。

実務上の留意点

　受贈者に所得要件が課されるため、高所得者への贈与については適用できなくなります。

適用時期

※1　2019年4月1日以後に拠出されるものについて適用されます。
※2　2019年7月1日以後に支払われる教育資金について適用されます。

(1) 教育資金の一括贈与非課税措置の見直し②

改正のポイント

○教育資金契約の終了の日までに贈与者が死亡したときは、一定の場合を除き死亡前3年以内に行われた贈与については相続開始時におけるその残高を相続財産に加算することになります。
○受贈者が30歳到達時に、一定の場合には教育資金管理契約は終了しないものとし、その時点で残高があっても贈与税を課税しないこととされます。

解説

＜制度の概要＞

	【改正前】	【改正後】
贈与者死亡時	その時点の残高を相続財産に加算しない	贈与者の相続開始前3年以内に行われた贈与について、贈与者の相続開始日において受贈者が次のいずれかに該当する場合を除き、**相続開始時における残高を相続財産に加算することとする**（適用時期※1）。 ①23歳未満である場合 ②学校等に在学している場合 ③教育訓練給付金の支給対象となる教育訓練を受講している場合
受贈者30歳到達時	その時点の残高に対して贈与税を課税	30歳到達時において、現に①学校等に在学し又は②教育訓練給付金の支給対象となる教育訓練を受講している場合には、**その時点で残高があっても、贈与税を課税しないこととし**、その後①又は②のいずれかに該当する期間がなかった場合におけるその年の12月31日に、**その時点の残高に対して贈与税を課税することとする**（ただし、それ以前に40歳に達した場合には、その時点の残高に対して贈与税を課税することとする）（適用時期※2）。

実務上の留意点

相続開始直前における相続財産からの切り放しはできなくなります。受贈者が孫の場合には、原則として「2割加算」の対象となります。

適用時期

※1　2019年4月1日以後に贈与者が死亡した場合に適用されます。ただし、同日前に行った贈与を含まないものとします。

※2　2019年7月1日以後に受贈者が30歳に達する場合について適用されます。

（2）結婚・子育て資金の一括贈与非課税措置の見直し

増税 減税

改正のポイント

○適用期限が2年延長されます。
○**受贈者に対して所得要件が追加されます。**

解説

＜制度の概要＞

	【改正前】	【改正後】
受贈者	20歳以上 50歳未満の者 （子や孫）	20歳以上50歳未満の者（子や孫） 信託等をする日の属する年の前年の**受贈者の合計所得金額が1,000万円を超える場合**には、本措置の適用を受けることができない。
贈与者	受贈者の直系尊属 （親や祖父母）	受贈者の直系尊属 （親や祖父母）
非課税 限度額	1,000万円 （結婚関係のものは 300万円）	1,000万円 （結婚関係のものは300万円）
適用期限	2019年3月31日まで	**2021年3月31日まで**

実務上の留意点

受贈者に所得要件が課されるため、高所得者への贈与については適用できなくなります。

適用時期

2019年4月1日以後に拠出されるものについて適用されます。

（3）相続時精算課税制度の申告手続きの簡略化

改正のポイント

納税者の負担軽減を図る観点から、申告手続等の簡素化の一環として、贈与税の相続時精算課税制度の申告手続きにおける住民票の写しの添付が不要となります。

解説

○贈与税の申告において、相続時精算課税制度を選択する場合には、「相続時精算課税選択届出書」を贈与税の申告期限までに提出する必要があります。
○「相続時精算課税選択届出書」を提出する際には、その添付書類として一定の書類を提出する必要がありますが、その一つとして、贈与者の氏名や生年月日などの記載事項の確認等のため、贈与者の住民票の写しの提出が必要でした。
○本年度の税制改正により、各種手続・届出において、他の添付書類や行政機関間の情報提携等で記載事項の確認が行えるものは添付不要とされます。
○相続時精算課税制度においては、上記住民票の写し等の書類が添付不要となります。

添付書類の一覧	【改正前】	【改正後】
受贈者	戸籍の謄本、戸籍の附票の写しなど	左記に同じ
贈与者	戸籍の附票の写し 住民票の写しなど	戸籍の附票の写しなど ※**住民票の写しは添付不要**

実務上の留意点

相続時精算課税選択届出書の提出前には、国税庁HPにある「相続時精算課税を選択する場合のチェックシート」などを活用し、必要書類の提出漏れには気をつけましょう。

適用時期

　2020年1月1日以後に贈与により取得する財産に係る贈与税について適用となります。

（4）民法改正に伴う年齢要件の見直し

増税　減税

改正のポイント

民法における成年年齢引き下げを踏まえた相続税に係る税制上の措置として、下記4つの年齢要件が見直されます。
　①相続税の未成年者控除
　②贈与税の相続時精算課税制度
　③直系尊属から贈与を受けた場合の贈与税の税率の特例
　④非上場株式等に係る贈与税の納税猶予制度

解説

○国民投票の投票権年齢や選挙権年齢が18歳と定められたことなどを背景に、成年年齢を20歳から18歳に引き下げる民法改正が、2022年4月1日から施行されます。

○上記民法改正に合わせて、税制上、年齢要件を20歳又は成年（未成年）としている制度については、年齢要件を引き下げる見直しが行われます。

＜年齢要件が見直される相続税関連の制度＞

年齢要件	【改正前】	【改正後】
①相続税の未成年者控除	法定相続人が20歳未満の場合	法定相続人が18歳未満の場合
②贈与税の相続時精算課税制度	受贈者の年齢が20歳以上	受贈者の年齢が18歳以上
③直系尊属から贈与を受けた場合の贈与税の税率の特例	受贈者の年齢が20歳以上	受贈者の年齢が18歳以上
④非上場株式等に係る贈与税の納税猶予制度	受贈者の年齢が20歳以上	受贈者の年齢が18歳以上

実務上の留意点

①未成年者控除については、控除額が「18歳に達するまでの年数×10万円」となると、改正後は改正前と比べて、20万円ほど控除額が少なくなり、未成年者の相続人については増税傾向といえます。

②③④については、受贈者の年齢要件の引き下げにより、若年層への贈与の促進が予想されます。

適用時期

2022年4月1日以後に相続若しくは遺贈又は贈与により取得する財産に係る相続税又は贈与税について適用となります。

（5）民法改正に伴う配偶者居住権等の取り扱い①

改正のポイント

民法（相続関係）の改正に伴い配偶者居住権等が新設されます。これに伴い、相続税における配偶者居住権等の評価額が次のとおりとなります。

解説

＜配偶者居住権＞

被相続人の配偶者は、被相続人の財産に属した建物に相続開始の時に居住していた場合において、次の①又は②のいずれかに該当するときは、その居住していた建物の全部について無償で使用及び収益する権利（以下、「配偶者居住権」という）を取得するものとする。ただし、被相続人が相続開始のときに居住建物を配偶者以外の者と共有していた場合にあっては、この限りではないものとする。

①遺産の分割によって配偶者居住権を取得するものとされたとき。

②配偶者居住権が遺贈の目的とされたとき。

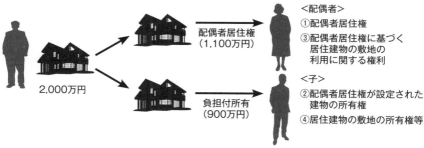

＜自宅の所有権等＞

①配偶者居住権

②配偶者居住権が設定された建物（③④においては「居住建物」とする）の所有権

③配偶者居住権に基づく居住建物の敷地の利用に関する権利

④居住建物の敷地の所有権等

適用時期

2020年4月1日より適用となります。

（5）民法改正に伴う配偶者居住権等の取り扱い②

解説

＜配偶者の評価額＞

①配偶者居住権

$$\text{建物の時価} - \text{建物の時価} \times \frac{\text{残存耐用年数} - \text{存続年数}}{\text{残存耐用年数}} \times \text{存続年数に応じた民法の法定利率による複利現価率}$$

②配偶者居住権が設定された建物（③④においては「居住建物」とする）の所有権

　　建物の時価－配偶者居住権の価額

③配偶者居住権に基づく居住建物の敷地の利用に関する権利

$$\text{土地等の時価} - \text{土地等の時価} \times \text{存続年数に応じた民法の法定利率による複利現価率}$$

④居住建物の敷地の所有権等

　　土地等の時価－敷地の利用に関する権利の価額

（注1）	上記の「建物の時価」及び「土地等の時価」は、それぞれ配偶者居住権が設定されていない場合の建物の時価又は土地等の時価とする。
（注2）	上記の「残存耐用年数」とは、居住建物の所得税法に基づいて定められている耐用年数（住宅用）に1.5を乗じて計算した年数から居住建物の築後経過年数を控除した年数をいう。
（注3）	上記の「存続年数」とは、次に掲げる場合の区分に応じそれぞれ次に定める年数をいう。 （イ）配偶者居住権の存続期間が配偶者の終身の間である場合……配偶者の平均余命年数 （ロ）（イ）以外の場合……遺産分割協議等により定められた配偶者居住権の存続期間の年数（配偶者の平均余命年数を上限とする）
（注4）	残存耐用年数又は残存耐用年数から存続年数を控除した年数が零以下となる場合には、上記①の「（残存耐用年数－存続年数）／残存耐用年数」は、零とする。

（5）民法改正に伴う配偶者居住権等の取り扱い③

解説

＜具体例：配偶者居住権等の評価額＞
　配偶者：70歳女性（存続年数20年）、時価：土地4,000万円　建物1,000万円、木造（法定耐用年数22年）、築30年

①配偶者居住権

$$\text{建物の時価} - \text{建物の時価} \times \frac{\text{残存耐用年数} - \text{存続年数}}{\text{残存耐用年数}} \times \text{存続年数に応じた民法の法定利率による複利現価率}$$

　1,000万円－1,000万円×（残3年－20年）／残3年×0.554＝1,000万円

②配偶者居住権が設定された建物（③④においては「居住建物」とする）の所有権

　　建物の時価－配偶者居住権の価額

　1,000万円－1,000万円＝0万円

③配偶者居住権に基づく居住建物の敷地の利用に関する権利

$$\text{土地等の時価} - \text{土地等の時価} \times \text{存続年数に応じた民法の法定利率による複利現価率}$$

　4,000万円－4,000万円×0.554＝1,784万円

④居住建物の敷地の所有権等

　　土地等の時価－敷地の利用に関する権利の価額

　　4,000万円－1,784万円＝2,216万円

民法（債権法）改正 2020年4月1日～（3%）	
5年	0.863
10年	0.744
15年	0.642
20年	0.554

平均余命「簡易生命表」 2018年7月20日厚労省公表		
年齢	男	女
25	57	63
50	33	38
70	16	20
80	9	12

（6）相続人以外の者の貢献を考慮した制度の新設（特別寄与料）①

改正のポイント

　民法において現行法の寄与分制度に加え、新たに相続人以外の者の貢献を考慮するための方策が創設されます。
　この改正により、**相続人以外の被相続人の親族（特別寄与者）**が無償で被相続人の療養看護等の特別の寄与を行った場合は、**相続人に対し金銭（特別寄与料）の支払を請求できる**こととなります。

解説

税務上の取り扱い
1．特別寄与者
　　特別寄与料を遺贈により取得したものとみなして、相続税が課税されます。

2．特別寄与料を支払う相続人
　　支払うべき特別寄与料の額を各相続人の課税価格から控除します。

3．特別寄与料が確定しない場合
　　相続税の申告期限までに支払いを受けるべき特別寄与料の額が確定しない場合には、確定後4カ月以内に限り更正の請求をすることができます。

4．新たに相続税の納税義務が生じる者
　　特別寄与料の額が確定したことにより、新たに相続税の納税義務が生じた者は、当該事由が生じたことを知った日から10カ月以内に相続税の申告書を提出しなければなりません。

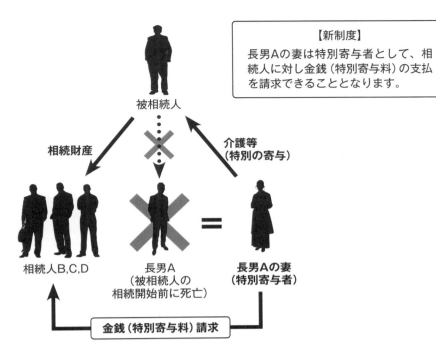

適用時期

2019年7月1日より施行となります。

（6）相続人以外の者の貢献を考慮した制度の新設（特別寄与料）②

解説

＜現行法の寄与分制度と新制度の比較＞

	【民法第904条の2（寄与分）】	【新制度】
対象者	無償で被相続人の療養看護等を行ったことにより被相続人の財産の維持又は増加について特別の寄与をした**被相続人の相続人**	無償で被相続人の療養看護等を行ったことにより被相続人の財産の維持又は増加について特別の寄与をした**被相続人の親族**（相続人その他一定の者を除く）
権利行使期間	規定なし	**相続の開始及び相続人を知ったときから6カ月**を経過したとき又は**相続開始のときから1年**を経過したとき
流れ	\<当事者間の協議が整わないとき等 ↓ 寄与者（特別寄与者）の請求により 家庭裁判所が寄与分（特別寄与分）を定める	
限度額	寄与分（特別寄与料の額）は被相続人が相続開始のときにおいて有した財産の価額から遺贈の価額を控除した残額を超えることができない	

（7）土地の所有権移転登記に係る登録免許税の特例措置の延長

減税

改正のポイント

土地の売買による所有権の移転登記等に対する登録免許税の税率の軽減措置の適用期限が2年延長されることとなります。

解説

○土地の売買による所有権移転の登記については、原則2％の税率で登録免許税を負担する必要があります。

○ただし、土地の取得コストを軽減することにより、土地の流動化を通じた有効利用の促進・土地取引の活性化を図るなどの観点から、2003年度に特例税率が創設されました。

○その後、土地の売買に係る特例税率については、度重なる延長や段階的な税率の引き上げを経て、現在は、2019年3月31日を適用期限とし、特例税率は1.5％となっています。

	【改正前】	【特例】 ※土地の売買に限る
税率	固定資産税評価額×2％	固定資産税評価額×1.5％
（例） 固定資産税評価額が 1億円の場合	2,000,000円	1,500,000円

○本年度の税制改正においては、上記のような観点により、デフレからの完全な脱却と経済成長の実現を図るため、上記の適用期限が2年延長となります。

	【改正前】	【改正後】
適用期限	2019年3月31日まで	**2021年**3月31日まで

(8) 個人事業者の事業用資産に係る納税猶予制度の創設①

減税

改正のポイント

○既存の特定事業用小規模宅地等の特例の問題点や法人形態である場合との整合性を考慮し、**10年間の時限措置として、個人事業者の事業用資産に係る納税猶予制度**が創設されます。

○相続時、生前贈与時のいずれについても、**非上場株式等についての相続税・贈与税の納税猶予制度の特例と同様に**、一定の事業用資産の承継について、納税猶予が適用可能となります。

解説

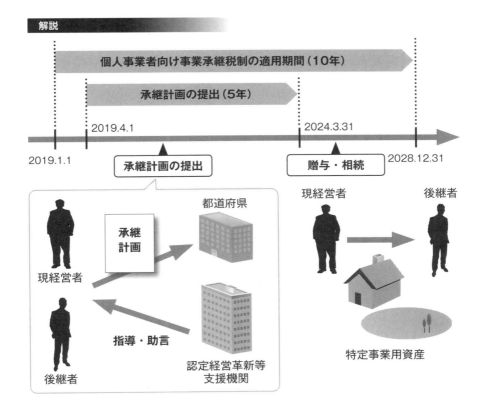

（8）個人事業者の事業用資産に係る納税猶予制度の創設②

[減税]

解説

既存の個人事業者の事業承継制度については、制度の趣旨や課税の公平性の面から問題視されてきました。

個人事業者の 小規模宅地等の特例	比較項目 （既存制度）	法人の事業承継税制 （10年の時限措置）
相続税の課税価格の減額	軽減措置の内容	相続税・贈与税の納税猶予及び免除
相続	適用時期	相続、生前贈与
事業用宅地等	対象資産	株式等
―	承継計画等	・承継計画を策定し、都道府県知事が確認 ・都道府県知事が要件適合を認定
申告期限まで ・事業用宅地の保有 ・事業の継続	資産保有要件 事業継続要件	終身（後継者の死亡まで） ・株式の保有 ・法人が事業を継続 （定期的な確認を実施）
事業用宅地の購入に係る借入れを私的な相続財産の債務控除に充てることが可能	債務控除の扱い	法人の債務を経営者個人の私的な相続財産の債務控除に充てることはできない
事業を承継しない他の相続人の税負担にまで軽減効果が及ぶ	後継者以外の税額への影響	事業を承継しない他の相続人の税負担に影響が生じない計算方法
―	生前贈与に係る遺留分の特例	中小企業経営承継円滑化法において、相続時における紛争等の防止のため、遺留分特例を措置

※平成30年12月6日付　税制調査会正副・顧問・幹事会議資料内「個人事業者の小規模宅地特例と法人の事業承継税制の比較」より一部改訂

(8) 個人事業者の事業用資産に係る納税猶予制度の創設③

解説

個人事業者向けの事業承継税制(個人事業者の事業用資産に係る納税猶予制度)が、下記の内容で創設されます。

項目	内容	詳細
概要	相続税・贈与税の納税猶予	猶予税額の計算方法、猶予税額の一部免除については非上場株式等の納税猶予制度の特例に準ずるが、猶予税額の全額免除、納付については個別の規定に注意のこと
対象資産	特定事業用資産	先代(被相続人・贈与者)の事業(不動産貸付事業等を除く)の用に供されていた土地、建物、その他一定の減価償却資産で青色申告書に添付される貸借対照表に計上されているもの ※限度面積:**土地面積400㎡まで**、建物床面積**800㎡まで**
対象者	認定相続人・認定受贈者	**承継計画**に記載された後継者であって、経営承継円滑化法による認定を受けたもの
適用除外	小規模宅地等の特例	**特定事業用宅地等に係る小規模宅地等の特例との併用不可(選択適用)**
その他	青色申告	先代は相続開始前に、後継者は相続開始後において、青色申告の承認を受けている必要あり
その他	継続届出書	申告期限から3年ごとに税務署長に提出
その他	法人成り	申告期限から5年経過後に特定事業用資産を現物出資して会社を設立した場合でも、一定の要件を満たすときには、納税猶予継続
その他	租税回避等防止措置	○特定事業用資産の価額から当該債務を控除した額を猶予税額の計算の基礎とする ○非上場株式等についての相続税の納税猶予制度の特例に準ずる措置その他所要の措置を講ずる

実務上の留意点

2019年4月1日から2024年3月31日までの間に、**承継計画**を都道府県に提出する必要があります。

多額の減価償却資産を有する場合に有利か。

適用時期

2019年1月1日から2028年12月31までの相続、遺贈又は贈与により取得する財産に係る相続税又は贈与税。

(8) 個人事業者の事業用資産に係る納税猶予制度の創設④

[増税]

改正のポイント

平成30年度改正において、小規模宅地等の特例のうち貸付事業用宅地等については、**相続開始前3年以内**に賃貸を開始した一定のものについて特例の対象から除外されることとなりましたが、同様の措置を**特定事業用宅地等にも適用**することとなります。

解説

被相続人等の事業（不動産貸付業等を除く。以下同じ）の用に供されていた宅地等で、下記要件等を満たしている場合には、小規模宅地等の特例を適用できるものとされていましたが、その対象範囲が縮小されます。

	【改正前】	【改正後】
適用要件	当該宅地等を取得した親族が、下記すべてを満たすこと。 ①被相続人の事業の用に供されていた宅地等の場合は、申告期限までに、当該宅地等の上で営まれていた被相続人の事業を引き継ぐこと。 ②申告期限まで当該事業を営んでいること。 ③申告期限まで当該宅地等を有していること。	改正前の要件を満たす宅地等から、下記の宅地等が除外されます。 **①相続開始前3年以内に被相続人等の事業の用に供された宅地等** （当該宅地等の上で事業の用に供されている減価償却資産の価額が、当該宅地等の相続時の価額の15％以上（※）であるものを除く）

※本特例による相続税の平均的な限界税率に基づく減税効果が宅地価額の概ね15％程度と推計されることを踏まえた割合

実務上の留意点

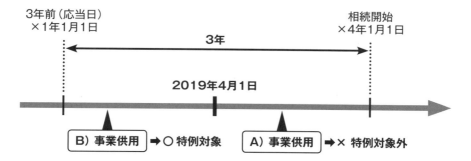

A) 2019年4月1日以後に事業供用された宅地等は特例の対象外
B) 2019年3月31日以前に事業供用された宅地等は、従来どおり特例の適用対象

適用時期

2019年4月1日以後の相続又は遺贈により取得する財産に係る相続税について適用となります。

ただし、同日前から事業の用に供されている宅地等については、従来どおりの取り扱いとなります。

(9) 事業承継税制の適用に係る手続等の見直し

減税

改正のポイント

○非上場株式等に係る相続税・贈与税の納税猶予制度について、制度の更なる活用促進を図るため、取消事由の緩和、届出に係る手続の簡素化等の見直しがされます。
○平成30年4月1日より施行された特例制度についても同様となります。

解説

下記の見直しが行われます。

	【改正前】	【改正後】
① 年齢要件	贈与税の納税猶予における受贈者 20歳以上	贈与税の納税猶予における受贈者 **18歳以上（民法の成年年齢に合わせる）**
② 資産管理会社の判定	一定のやむを得ない事情により認定承継会社等が資産保有型会社・資産運用型会社に該当した場合、納税猶予の取消事由となる	一定のやむを得ない事情により認定承継会社等が資産保有型会社・資産運用型会社に該当した場合において、該当した日から6カ月以内にこれらの会社に該当しなくなったときは、**納税猶予の取消事由にならない**
③ 手続の簡素化	非上場株式等の贈与者が死亡した場合の相続税の納税猶予の適用を受ける場合には、贈与税の納税猶予の免除届出に添付書類が必要	非上場株式等の贈与者が死亡した場合の相続税の納税猶予の適用を受ける場合には、贈与税の納税猶予の免除届出に**添付書類が不要**

適用時期

①については、2022年4月1日以後に贈与により取得する財産に係る贈与税について適用となります（民法における成年年齢引き下げと同じ時期より適用されます）。

【資料編】
平成31年度
税制改正の
ポイント

7. 相続法（民法）改正

（1）配偶者短期居住権及び配偶者居住権の新設等 ①②③
（2）遺産分割における配偶者の取り分に関する見直し
（3）遺留分減殺請求権の効力及び法的性質の見直し
（4）遺留分の算定方法の見直し
　　①遺留分を算定するための財産の価額
　　②遺産分割の対象となる財産がある場合
（5）遺留分侵害額の算定における債務の取り扱いに関する見直し
（6）遺留分制度の見直し（まとめ）
（7）自筆証書遺言の方式緩和
（8）法務局における遺言書の保管等に関する法律の創設①②
（9）遺言執行者の権限の明確化等①②

(1) 配偶者短期居住権及び配偶者居住権の新設等 ①

改正のポイント

　高齢化社会の進展や家族のあり方に関する国民意識の変化等の社会情勢に鑑み、配偶者の死亡により残された他方配偶者の居住権を保護する必要性が高まっていると考えられ、民法（相続関係）が改正されます。
　配偶者が相続開始時に居住していた被相続人所有の建物を対象として、終身又は一定期間、配偶者に建物の使用を認めることを内容とする法定の権利として、配偶者短期居住権・配偶者居住権が新設されます。

解説

＜配偶者短期居住権の内容及び成立要件＞
　配偶者は、相続開始時に被相続人の建物に無償で居住していた場合には、以下の期間、その居住していた建物（以下、「居住建物」）を無償で使用する権利を取得する。
　①配偶者を含む共同相続人間で遺産の分割をすべき場合、居住建物の帰属が確定する日までの間（最低6カ月間は保障）
　②居住建物が第三者に遺贈された場合や配偶者が相続放棄をした場合には、居住建物の所有者から消滅請求を受けてから6カ月

現行制度

＜最高裁　平成8年12月17日　判例＞

配偶者が、相続開始時に被相続人の建物に居住していた場合には、原則として、被相続人と相続人との間で使用貸借契約が成立していたと推認される。

使用貸借契約の成立を推認 →

配偶者の保護に欠ける
・第三者に居住建物が遺贈されてしまった場合
・被相続人が反対の意思を表示した場合
　→　使用貸借が推認されず、居住が保護されない。

制度導入後

・被相続人が居住建物を遺贈した場合や、反対の意思を表示した場合であっても、配偶者の居住を保護することができる
・常に最低6カ月間は配偶者の居住が保護される

配偶者短期居住権 →

（１）配偶者短期居住権及び配偶者居住権の新設等 ②

解説

＜配偶者居住権の内容及び成立要件＞

　被相続人の配偶者は、被相続人の財産に属した建物に相続開始のときに居住していた場合において、次の①又は②のいずれかに該当するときは、居住建物の全部について無償で使用及び収益する権利（以下、「配偶者居住権」という）を取得する。ただし、被相続人が相続開始のときに居住建物を配偶者以外の者と共有していた場合にあっては、この限りではないものとする。

　①遺産の分割によって配偶者居住権を取得するものとされたとき
　②配偶者居住権が遺贈の目的とされたとき

＜例＞　相続人が妻及び子、遺産が自宅（3,000万円）及び
　　　　預貯金（3,000万円）だった場合
　　　　　妻と子の相続分　＝　1：1　（妻3,000万円　子3,000万円）

現行制度　配偶者が居住建物を取得する場合には、**他の財産を受け取れな**
くなってしまう。

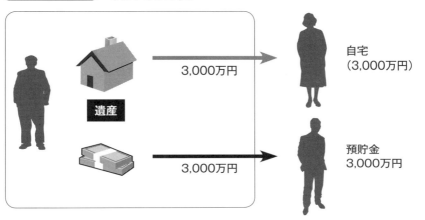

制度導入後　配偶者は自宅での居住を継続しながらその他の財産も取得できるようになる。

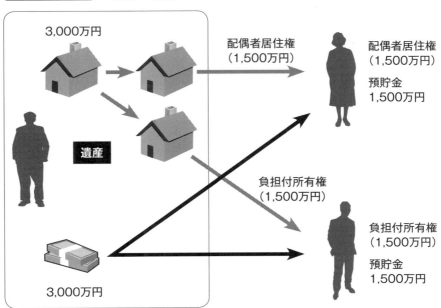

資料編　第7章　相続法（民法）改正　　　　　　　　　　105

（１）配偶者短期居住権及び配偶者居住権の新設等 ③

解説

＜配偶者居住権の存続期間＞
　配偶者居住権の存続期間は配偶者の終身の間とする。
　ただし、遺産分割協議又は遺言に別段の定めがあるときなどは、その定めるところによるものとする。

＜配偶者居住権の登記等＞
　居住建物の所有者は、配偶者に対し、配偶者居住権の設定の登記を備えさせる義務を負うものとする。
　→居住建物について物権を取得した者その他の第三者に対抗することができる。

＜配偶者居住権の消滅事由＞
（1）配偶者の死亡
（2）別段の定めの期間が経過したとき
　　→配偶者居住権が消滅したときは、居住建物の返還をしなければならない。
　　　ただし、配偶者が居住建物について共有持分を有する場合は、居住建物取得者は、配偶者居住権が消滅したことを理由としては、居住建物の返還を求めることができない。

適用時期

2020年4月1日より適用となります。

（2）遺産分割における配偶者の取り分に関する見直し

改正のポイント

配偶者の老後の生活保障のための方策で、夫婦の財産は夫婦の協力によって形成されたものであるという贈与税の配偶者控除と同様の観点から、民法903（特別受益者の相続分）に次の規律を付け加えるものとする。

解説

＜民法903条（特別受益者の相続分）4項＞
　婚姻期間が20年以上の夫婦の一方である被相続人が、他の一方に対し、その居住の用に供する建物又はその敷地（配偶者居住権を含む）について遺贈又は贈与をしたときは、民法903条3項の持ち戻し免除の意思表示があったものと推定する。

＜例＞相続人が妻及び子、遺産が自宅所有権（6,000万円）及び
　　　預貯金（6,000万円）だった場合
　　　妻に自宅所有権（6,000万円）を遺贈

| 現行制度 | ＜持ち戻し計算適用＞

○妻の相続分
（6,000万円＋6,000万円）×1／2－6,000万円＝0万円

自宅のみ！！

○子の相続分
6,000万円

| 制度導入後 | ＜持ち戻し免除計算適用＞

○妻の相続分
6,000万円×1／2＝3,000万円

自宅＋預貯金3,000万円

○子の相続分
3,000万円

適用時期

2019年7月1日より適用となります。

（3）遺留分減殺請求権の効力及び法的性質の見直し

改正のポイント

〇現行法では、遺留分減殺請求権の行使によって当然に相続財産に物権的効果が生ずることとされていましたが、その結果、遺贈又は贈与の目的財産が、受遺者（特定財産承継遺言により財産を承継し又は相続分の指定を受けた相続人を含む）又は受贈者（以下、「受遺者等」という）と遺留分権利者（その承継人を含む。以下同じ）との共有になるケースが多くありました。

〇遺留分権利者は、受遺者等に対し、**遺留分侵害額に相当する金銭の支払いを請求**する事ができるようになります。

解説

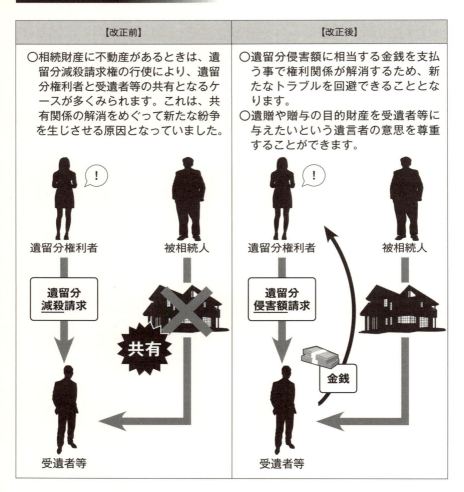

実務上の留意点

　遺留分権利者から金銭請求を受けた受遺者等が、金銭を直ちには準備できない場合、受遺者等は、裁判所に対し、金銭債務の全部又は一部の支払いにつき一定期間の猶予を請求することができます。

（4）遺留分の算定方法の見直し
①遺留分を算定するための財産の価額

改正のポイント

○**相続人に対する贈与**は、相続開始前の**10年間**にされたものに限り、その価額を、**遺留分を算定するための財産の価額に算入**することとなります。

○**負担付贈与**がされた場合における**遺留分を算定するための財産の価額**に算入する贈与した財産の価額は、その目的の価額から**負担の価額を控除**した額とすることが明文化されます。

○**不相当な対価をもってした有償行為**は、当事者双方が**遺留分権利者に損害を与えることを知ってしたものに限り**、当該対価を負担の価額とする**負担付贈与とみなし**、上記負担付贈与の規定に従って処理されることとなります。

解説

遺留分を算定するための財産の価額に算入する**生前贈与の範囲**が、下記のとおり改正されます。

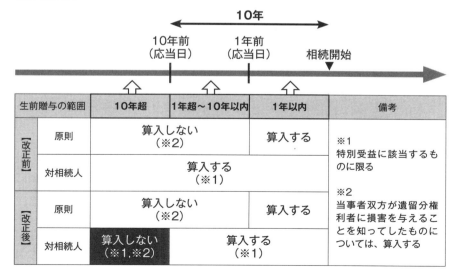

（4）遺留分の算定方法の見直し
②遺産分割の対象となる財産がある場合

改正のポイント

　遺産分割の対象財産がある場合（既に遺産分割が終了している場合も含む）に、遺留分侵害額の算定をするに当たり、**遺留分から**遺留分権利者が**取得すべき遺産**の価額（寄与分による修正は考慮しない）を**控除する**ことが明文化されます。

解説

　遺留分侵害額を求める計算式についても、以下のとおり明文化されます。

遺留分	（遺留分を算定するための財産の価額）×（遺留分率）×（遺留分権利者の法定相続分）
遺留分侵害額	（遺留分）－（遺留分権利者が受けた特別受益）－（遺産分割の対象財産がある場合には具体的相続分に応じて取得すべき遺産の価額）＋（遺留分権利者が承継する相続債務の額）

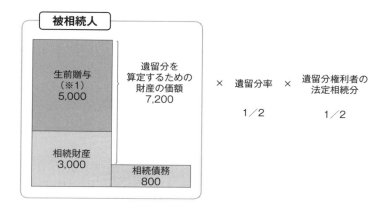

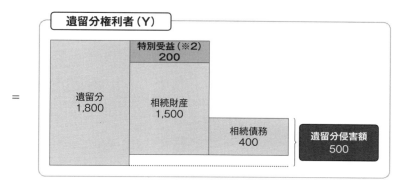

※1 相続人に対する特別受益に該当する贈与は、相続開始前10年以内のものに限る【改正あり】

相続人以外の者に対する贈与は、相続開始前1年以内のものに限る【改正なし】

当事者双方が遺留分権利者に損害を与えることを知ってした贈与は、期間制限なし【改正なし】

※2 遺留分権利者の特別受益の額については、期間制限なし【改正なし】

（5）遺留分侵害額の算定における債務の取り扱いに関する見直し

改正のポイント

○遺留分侵害額の請求を受けた**受遺者等**は、**遺留分権利者が承継する相続債務**について免責的債務引受、弁済その他の**債務を消滅させる行為**をしたときは、消滅した債務の額の限度において、**遺留分権利者に対する意思表示**によって、当該請求により**負担する債務を消滅**させることができるようになります。

○当該行為によって遺留分権利者に対して取得した**求償権**は、消滅した**当該債務の額の限度において消滅**することとなります。

解説

遺留分権利者が承継した第三者への債務を受遺者等が弁済等した場合において、当該債務と遺留分権利者に対する求償権との相殺の意思表示をしたときの効果。

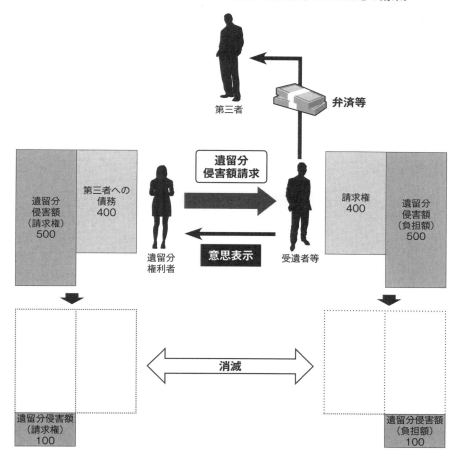

（6）遺留分制度の見直し（まとめ）

改正のポイント

遺留分制度の見直しに関する改正は、大きく分けて3つの項目があります。

解説

改正項目	【改正前】	【改正後】
遺留分減殺請求権の効力及び法的性質の見直し	・遺留分減殺請求により、原則的には目的財産の返還をする必要があり、金銭での価額弁償は例外的に可能	・**遺留分侵害額請求**により、現行法と同様に形成権であることを前提に、**金銭債権が発生**する ・受遺者等の負担額の規定を明文化
遺留分の算定方法の見直し	・相続人に対する贈与（特別受益に該当するもの）は、期間制限なくすべての贈与を算入（判例・実務） ・負担付贈与は、負担額控除後の額を減殺対象とするが、遺留分算定には負担額控除前の額を加えると解釈する余地あり ・不相当な対価による有償行為は贈与とみなし、減殺請求に伴い、遺留分権利者による当該対価の償還が必要	・**相続人に対する贈与**（特別受益に該当するもの）は、**相続開始前10年以内**にされた贈与に限り算入 ・負担付贈与は、**負担額控除後の額**を贈与財産の価額とし、**遺留分算定**もこれによる（負担額控除前の額と解釈する余地なし） ・不相当な対価による有償行為は**負担付贈与**とみなし、当該対価の償還は不要 ・遺留分侵害額の計算方法を明文化
遺留分侵害額の算定における債務の取り扱いに関する見直し	（現行法には規定なし）	・遺留分侵害額請求を受けた**受遺者等が遺留分権利者の相続債務を消滅させる行為**（弁済など）をした場合、意思表示により、その限度で受遺者等が負担する**遺留分侵害額を消滅**させることが可能

実務上の留意点

　遺留分に関する権利は、相続開始及び遺留分侵害の事実を知ったときから1年、相続開始のときから10年行使しないときは、時効により消滅します（改正なし）。

適用時期

　2019年7月1日以後に開始する相続について適用されます。

（7）自筆証書遺言の方式緩和

改正のポイント

　遺言の作成を促進し、相続をめぐる紛争を防止する等の観点から、自筆証書遺言の方式が緩和されます。

解説

【改正前】
　日付・氏名・財産目録等を含む**全文を自書**する必要があり、遺言者に大きな負担をかける制度でした。

【改正後】
　自筆によらない財産目録の添付が可能となります。
　なお、財産目録の**すべての頁に署名押印**が必要です。

× パソコンで目録を作成
× 通帳のコピーを添付

適用時期

　2019年1月13日より施行となります。

（8）法務局における遺言書の保管等に関する法律の創設①

改正のポイント

自宅にて保管されることの多い**自筆証書遺言に係る遺言書**について、**法務局での保管を申請することが可能**となります。

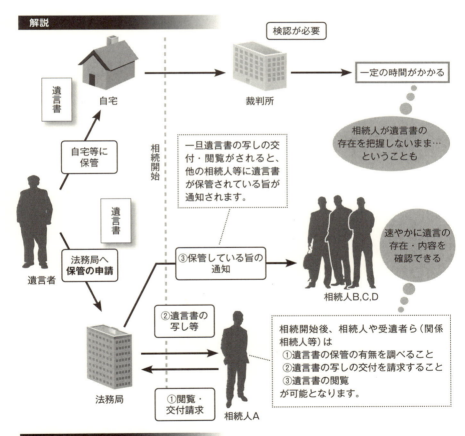

適用時期

2020年7月10日より施行となります。

（8）法務局における遺言書の保管等に関する法律の創設②

解説

○法務局における遺言書の保管等に関する法律の概要

	内容
申請の対象	**民法第968条の自筆証書によってした遺言（自筆証書遺言）に係る遺言書のみ** （法務省令で定める様式に従って作成した無封のものに限る）
申請先	遺言者の住所地若しくは本籍地又は遺言者が所有する不動産の所在地を管轄する遺言書保管所の遺言書保管官
申請者	**遺言者が自ら出頭して申請**
検認	**不要**
閲覧	遺言者：いつでも可能（遺言者の生存中は、遺言者以外の者は閲覧不能） 関係相続人等：遺言者の死亡後

○効果

- 遺言書の紛失、隠蔽、改ざん等の防止が可能
- 遺言書の存在を容易に把握することが可能

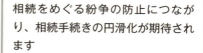

相続をめぐる紛争の防止につながり、相続手続きの円滑化が期待されます

（9）遺言執行者の権限の明確化等①

改正のポイント

遺言執行者の法的地位や権限をより明確化する観点から、関連規定が見直されます。

解説

現行法では、遺言執行者の権限に関する規定の内容が不明瞭であることから、遺言執行者と相続人との間でトラブルが生じることもあり問題視されていました。本改正により、**遺言者の意思をその死後に実現することを職務とする遺言執行者の地位**が明確に示されることとなります。

＜改正される規定＞

	【改正前】	【改正後】
民法第1012条	遺言執行者は、相続財産の管理その他遺言の執行に必要な一切の行為をする権利義務を有する	遺言執行者は、**遺言の内容を実現するため**、相続財産の管理その他遺言の執行に必要な一切の行為をする権利義務を有する
民法第1015条	遺言執行者は、相続人の代理人とみなす	**遺言執行者がその権限内において遺言執行者であることを示してした行為は、相続人に対して直接にその効力を生ずる**
民法第1016条	遺言執行者は、やむを得ない事由がなければ、第三者にその任務を行わせることができない ただし、遺言者がその遺言に反対の意思を表示したときは、この限りでない	遺言執行者は、**自己の責任で第三者にその任務を行わせることができる** ただし、遺言者がその遺言に別段の意思を表示したときはその意思に従うものとする

適用時期

2019年1月13日より施行となります。

（9）遺言執行者の権限の明確化等②

解説

＜新設される規定＞

	内容
通知	遺言執行者は、その任務を開始したときは、**遅滞なく、遺言の内容を相続人に通知**しなければならない
特定遺贈	遺言執行者がある場合には、**遺贈の履行は、遺言執行者のみが行う**ことができる
特定財産承継遺言	特定財産承継遺言があったときは、遺言執行者は、相続人が**対抗要件を備えるために必要な行為をする**ことができる
特定財産承継遺言（預貯金債権について）	特定財産承継遺言にかかる財産が預貯金債権である場合には、遺言執行者は、その**預貯金の払戻しの請求及びその預貯金に係る契約の解約の申入れをする**ことができる（解約の申入れについては一定の場合に限る）

【資料編】
平成31年度
税制改正の
ポイント

8. その他の税制

（1）車体課税の見直し
　　①自動車税
　　②自動車取得税
　　③自動車重量税
　　④自動車税のグリーン化特例
（2）税務当局による情報照会の仕組みに関する整備
（3）番号が付された証券口座情報の効率的な利用に係る措置

（１）車体課税の見直し①自動車税

改正のポイント

〇消費税10％の引き上げに伴う需要平準化のため、車体課税等が見直されます。
〇自動車保有税負担として、自動車税が軽減されます。

解説

総排気量	【改正前】税額	【改正後】税額	減税額
1,000cc以下	29,500円	25,000円	4,500円
1,000cc超1,500cc以下	34,500円	30,500円	4,000円
1,500cc超2,000cc以下	39,500円	36,000円	3,500円
2,000cc超2,500cc以下	45,000円	43,500円	1,500円
2,500cc超3,000cc以下	51,000円	50,000円	1,000円
3,000cc超3,500cc以下	58,000円	57,000円	1,000円
3,500cc超4,000cc以下	66,500円	65,500円	1,000円
4,000cc超4,500cc以下	76,500円	75,500円	1,000円
4,500cc超6,000cc以下	88,000円	87,000円	1,000円
6,000cc超	111,000円	110,000円	1,000円

実務上の留意点

自家用車（三輪の小型自動車を除く）に係る種別割の税率は上記のとおりです。
なお、軽自動車の税率については、変更ありません。

適用時期

2019年10月1日以後に新車新規登録を受けたものから適用されます。

（1）車体課税の見直し②自動車取得税

改正のポイント

自動車取得税のエコカー減税については、対象範囲等の見直しを行った上、6カ月延長されます。

解説

【改正前】

区分 （乗用自動車を前提）	2018年4月1日～ 2019年3月1日
電気自動車等（注1）	非課税
2020年度燃費基準 ＋40％達成	
2020年度燃費基準 ＋30％達成	▲80％
2020年度燃費基準 ＋20％達成	▲60％
2020年度燃費基準 ＋10％達成	▲40％
2020年度燃費基準	▲20％

【改正後】

区分 （乗用自動車を前提）	2019年4月1日～ 2019年9月30日
電気自動車等	非課税
2020年度燃費基準 ＋40％達成	
2020年度燃費基準 ＋30％達成	▲50％
2020年度燃費基準 ＋20％達成	▲50％
2020年度燃費基準 ＋10％達成	▲25％
2020年度燃費基準	▲20％

（注1）電気自動車、燃料電池車、プラグインハイブリッド車、クリーンディーゼル車、天然ガス自動車。以下同じ。

（注2）経済産業省「経済産業関係2019年度税制改正について」より（一部加筆修正）

適用時期

2019年4月1日から2019年9月30日に新車登録を受けたものに適用されます（消費税増税後廃止）。

（１）車体課税の見直し③自動車重量税

改正のポイント

自動車重量税のエコカー減税については、対象範囲等の見直しを行った上、2年間延長されます。

解説

【改正前】
【2018年5月1日～2019年4月30日】

区分 （乗用自動車を前提）	初回車検	2回目車検
電気自動車等	免税	免税
2020年度燃費基準＋90％達成		
2020年度燃費基準＋50％達成		
2020年度燃費基準＋40％達成		
2020年度燃費基準＋30％達成	75％軽減	
2020年度燃費基準＋20％達成	75％軽減	
2020年度燃費基準＋10％達成	50％軽減	
2020年度燃費基準達成	25％軽減	

【改正後】
【2019年5月1日～2021年4月30日】

区分 （乗用自動車を前提）	初回車検	2回目車検
電気自動車等	免税	免税
2020年度燃費基準＋90％達成		
2020年度燃費基準＋50％達成		
2020年度燃費基準＋40％達成		
2020年度燃費基準＋30％達成	50％軽減	
2020年度燃費基準＋20％達成	50％軽減	
2020年度燃費基準＋10％達成	25％軽減	
2020年度燃費基準達成	25％軽減	

（注）経済産業省「経済産業関係2019年度税制改正について」より（一部加筆修正）

適用時期

2019年5月1日から2021年4月30日までに新車登録を受けたものに適用されます。

（1）車体課税の見直し④ 自動車税のグリーン化特例

改正のポイント

　グリーン化特例については、環境性能割が自動車税・軽自動車税に導入されることを契機に、適用対象が電気自動車等に限定されます。

解説

1. 乗用車

【2019年3月31日まで】（現行制度）

区分	減税率
電気自動車等	▲75%
2020年度燃費基準+30%達成	▲75%
2020年度燃費基準+10%達成	▲50%

【2021年3月31日まで】（延長）

区分	減税率
電気自動車等	▲75%
2020年度燃費基準+30%達成	▲75%
2020年度燃費基準+10%達成	▲50%

【2021年4月1日から2年間】（特例措置）

区分	減税率
電気自動車等	▲75%
2020年度燃費基準+30%達成	—
2020年度燃費基準+10%達成	—

2. 軽自動車

【2019年3月31日まで】（現行制度）

区分	減税率
電気自動車等	▲75%
2020年度燃費基準+30%達成	▲50%
2020年度燃費基準+10%達成	▲25%

【2021年3月31日まで】（延長）

区分	減税率
電気自動車等	▲75%
2020年度燃費基準+30%達成	▲50%
2020年度燃費基準+10%達成	▲25%

【2021年4月1日から2年間】（特例措置）

区分	減税率
電気自動車等	▲75%
2020年度燃費基準+30%達成	—
2020年度燃費基準+10%達成	—

（注）経済産業省「経済産業関係2019年度税制改正について」より（一部加筆修正）

適用時期

2021年度及び2022年度に新車新規登録された自動車については、電気自動車等に限り登録の翌年度に適用されます。ただし、2019年10月の消費税率引き上げに配慮し、2021年3月31日までの間は現行制度が延長されます。

（2）税務当局による情報照会の仕組みに関する整備

改正のポイント

○事業者等への協力要請：税務当局は事業者等に対して国税に関する調査に関し、参考となるべき帳簿書類等の閲覧等の協力を求めることができることが法令上明確化されます。

○事業者等への報告の求め：税務当局は事業者に対し下記①、②の報告を求める場合はその事務負担に配慮しつつ書面で通知しなければならない。その報告の求めに対して拒否又は虚偽報告を行った事業者は検査拒否等の場合と同様の罰則が課されます。

解説

○事業者等とは、事業者、官公署又は特別の法律により設立された法人のことをいいます。

○特定取引とは、事業者との取引及び事業者等を介して行われる取引のことをいいます。

○特定取引者とは、事業者等との取引を行う不特定の者のことをいいます。

○次の①及び②の要件を満たす場合には税務当局が調査報告を求めることができます。

①更正決定等をすべき相当程度の可能性がある場合
（次のイ～ハのいずれかに該当する場合）

イ	特定取引と同種の取引を行う者（その取引に係る課税標準額等が年間1,000万円を超える者に限る）に対する国税に関する調査において、その半数以上の者について、その取引に係る課税標準等・税額等について更正決定等すべきと認められる場合
ロ	特定の取引が国税に関する法律の規定に違反すると認められる場合
ハ	経済的観点から見て通常であれば採られない不合理な取引形態により違法行為の存在を推認させる場合

②この報告の求めによらなければ、特定取引者を特定することが困難である場合

【税務当局】　⇔　特定取引者の氏名又は名称、住所又は居所及び個人番号又は法人番号について60日を超えない範囲内で日を定めて報告を求めることができる　⇒　【事業者等】

定められた日までに報告をする

適用時期

2020年1月1日より施行されます。

(3) 番号が付された証券口座情報の効率的な利用に係る措置

改正のポイント

○個人番号又は法人番号が付された証券口座に係る顧客情報を税務当局が効率的に利用できるような措置が講じられます。

○2018年末までとされていた証券口座を開設した顧客に係るマイナンバーの告知義務は、口座開設者からのマイナンバー提供が進んでいないため、2021年末まで延長されます。

解説

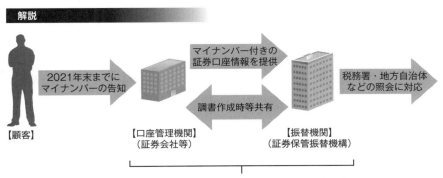

個人番号又は法人番号により顧客の情報を
検索できる状態で管理が義務付けられる

改正①	証券会社等の口座管理機関は、証券口座に係る顧客の情報を番号により検索することができる状態で管理しなければならないこととする。
改正②	振替機関は、証券口座に係る顧客の情報を番号により検索することができる状態で管理しなければならないこととするとともに、調書を提出すべき者（株式等の発行者又は口座管理機関に限る）から証券口座に係る顧客の番号その他の情報の提供を求められたときは、これらの情報を提供するものとする。

適用時期

　マイナンバー告知は2021年末まで延長されますが、改正①、②は2020年4月1日より施行されます。

本資料は財務省「平成31年度税制改正の大綱（平成30年12月21日閣議決定）」、財務省主税局「参考資料」、経済産業省資料、厚生労働省資料、金融庁資料、農林水産省資料、総務省資料、自由民主党税制調査会資料、日本経済新聞、週刊T&Amaster、週刊税務通信、その他の資料に基づき作成しております。

　また内容につきましては、情報の提供を目的として、想定される一般的な法律・税務上の取り扱いを記載しております。このため、諸条件により本資料の内容とは異なる取り扱いがなされる場合がありますので、ご留意ください。

　実行にあたっては、税理士・弁護士等と十分にご相談のうえ、ご自身の責任においてご判断くださいますようお願い申し上げます。

[編著者プロフィール]

辻・本郷 税理士法人 審理室

2002年4月設立、東京新宿に本部を置き、日本国内に60以上の拠点、海外に8拠点、スタッフ総勢1600名、顧問12000社の国内最大規模を誇る税理士法人に設置された税務のプロフェッショナル集団。

各専門分野のスペシャリストである国税出身OB税理士が正確かつスピーディーに、毎年5000件もの税務相談に対応している。

辻・本郷 税理士法人

〒160-0022

東京都新宿区新宿4丁目1番6号　JR新宿ミライナタワー28階

電話　03-5323-3301（代）　FAX　03-5323-3302

URL　http://www.ht-tax.or.jp/

[執筆者略歴]

八重樫 巧

早稲田大学政治経済学部卒業。東京国税局で、資料調査課、調査部、査察部で法人税調査に従事した。管内の税務署では、特別調査情報官として局間連携事案の企画・調査、国際調査情報官として海外事案調査に従事した。平成19年税理士登録、現在は会長室に所属し、辻・本郷 グループの審理事務に従事している。

辻・本郷審理室 ダイレクトアシスト
平成31年度税制改正要点解説

ゼミナールvol.2

2019年7月3日	初版第1刷発行
編著	辻・本郷 税理士法人 審理室
発行者	鏡渕 敬
発行所	株式会社 東峰書房
	〒150-0002 東京都渋谷区渋谷3-15-2
電話	03-3261-3136　FAX　03-6682-5979
	http://tohoshobo.info/
装幀・デザイン	小谷中一愛
印刷・製本	株式会社 シナノパブリッシングプレス

©Hongo Tsuji Tax & Consulting 2019
ISBN978-4-88592-197-1　C0034
Printed in Japan